Napoleon

rowohlts monographien
begründet von Kurt Kusenberg
herausgegeben von Uwe Naumann

Napoleon

Dargestellt von Volker Ullrich

Rowohlt Taschenbuch Verlag

Umschlagvorderseite: Napoleon. Gemälde von
Jacques-Louis David, 1812. Washington, National
Gallery of Art, Samuel H. Kress Collection
Umschlagrückseite: Der Pariser Nussknacker.
Anonyme Napoleon-Karikatur. Kolorierte Radierung, 1813/14
Einzug Napoleons an der Spitze seiner Garden
durch das Brandenburger Tor, nach der siegreichen Schlacht
bei Jena und Auerstedt. Zeitgenössisches Gemälde
von Charles Meynier. Versailles, Musée Historique

Seite 3: Napoleon Bonaparte. Gemälde von
Louis Albert Guillaumin, 1796/97. Rueil-Malmaison,
Musée National du Château

4. Auflage März 2015

Veröffentlicht im Rowohlt Taschenbuch Verlag,
Reinbek bei Hamburg, Dezember 2006
Copyright © 2004 by Rowohlt Verlag GmbH,
Reinbek bei Hamburg
Dieser Band ersetzt die 1966 erschienene
Napoleon-Monographie von André Maurois
Umschlaggestaltung any.way, Walter Hellmann,
nach einem Entwurf von Ivar Bläsi
Redaktionsassistenz Katrin Finkemeier
Reihentypographie Daniel Sauthoff
Layout Gabriele Boekholt
Satz PE *Proforma und* **Foundry Sans** *PostScript,*
QuarkXPress 4.11
Gesamtherstellung CPI books GmbH, Leck, Germany
ISBN 978 3 499 50646 8

INHALT

Einleitung	7
Der kleine Korse	12
Aufstieg mit Fortune	23
General des Direktoriums	36
Vom Konsul zum Kaiser	51
Die Neuordnung Europas	68
Im Zenit der Macht	83
Die Krise des napoleonischen Systems	93
Der Untergang	108
Das Intermezzo der Hundert Tage	126
Martyrium auf Sankt Helena	135
Die Legende	144
Anmerkungen	155
Zeittafel	162
Zeugnisse	165
Bibliographie	168
Namenregister	174
Über den Autor	178
Quellennachweis der Abbildungen	178

Napoleon Bonaparte überquert die Alpen über den Sankt-Bernhard-Pass. Gemälde von Jacques-Louis David, 1800. Rueil-Malmaison, Musée National du Château

Einleitung

Denn das Genie ist ein Meteor, dazu bestimmt zu verbrennen, um sein Jahrhundert zu erleuchten. So beschrieb ein junger, noch gänzlich unbekannter französischer Leutnant mit Namen Napoleon Buonaparte im Jahre 1791 in einem moralphilosophischen Essay die Rolle Alexanders des Großen.[1] Er dürfte kaum geahnt haben, dass er damit eine Selbstbeschreibung seines Lebens gab, wie sie treffender kein Historiker je hätte formulieren können. Kometengleich ging sein Stern auf – und ebenso rasch verglühte er. Aber die Spur, die er gezogen hatte, bestimmte die Geschicke Europas im 19. Jahrhundert, beschäftigte unaufhörlich die politischen Phantasien der Zeitgenossen und der Nachlebenden und lieferte den Geschichtsschreibern den Stoff, aus dem die Legenden gemacht werden.

Als Verbannter auf der Insel Sankt Helena sorgte sich der gestürzte Herrscher um seinen Nachruhm. Die Historiker, so äußerte er im Mai 1816, *mögen noch so viel unterschlagen und verstümmeln, es wird ihnen doch schwer fallen, mich ganz verschwinden zu machen*[2]. Von Verschwindenlassen konnte indes gar keine Rede sein – im Gegenteil: Über kaum eine historische Figur ist so viel geschrieben worden wie über Napoleon, und bei kaum einer schlägt das Pendel der Bewertung so heftig aus zwischen glühender Bewunderung und abgrundtiefer Verachtung. Auf über 80000 Bücher wird die Zahl der Veröffentlichungen geschätzt, und Jahr für Jahr kommen neue hinzu. Dennoch gibt es bislang keine Biographie, die beanspruchen könnte, Werk und Zeit Napoleons erschöpfend dargestellt zu haben. Vielleicht kann es sie auch gar nicht geben, weil die Beschäftigung mit diesem außerordentlichen Mann nie abgeschlossen sein wird. «Je mehr wir über ihn erfahren, desto weniger kennen wir ihn», urteilte der russische Emigrant und Napoleon-Verehrer Dmitri Mereschkowskij im Jahre 1928.[3] Womöglich liegt in diesem Paradox auch der Grund für die anhaltende Faszination, die der korsische General, der sich 1799 an die Macht putschte, um sich danach zum Herrn Europas aufzuschwingen, immer noch ausübt. Jede Generation ist im Grunde aufs Neue herausgefordert, sich mit ihm auseinander zu setzen und sich ein eigenes Bild von ihm zu machen.

Es gibt also nicht e i n Bild Napoleons, sondern viele Bilder, die jeweils auch von nationalen Faktoren abhängig sind. Aus der französischen Napoleon-Literatur ragt das Werk Georges Lefebvres hervor. 1935 in der Reihe «Peuples et civilisations» erschienen, fasste es den internationalen Forschungsstand zusammen. Lefebvre gelang mit seiner Biographie zugleich eine Synthese der Epoche, indem er Aufstieg und Fall Napoleons in die Entwicklung von Wirtschaft, Gesellschaft und Staat seiner Zeit einbettete. Dieser Klassiker der Geschichtsschreibung ist zu Recht als «das wichtigste und einflußreichste Napoleon-Buch des 20. Jahrhunderts»[4] bezeichnet worden. An zweiter Stelle zu nennen ist das Hauptwerk des derzeitigen Doyens der Napoleon-Forschung in Frankreich, Jean Tulard: «Napoleon oder der Mythos des Retters», 1977 erschienen und bereits ein Jahr später ins Deutsche übersetzt.[5] Stärker als Lefebvre rückte Tulard die vielschichtige Persönlichkeit Napoleons in den Vordergrund, ohne darüber die wirtschaftlichen, gesellschaftlichen und kulturellen Bedingungen seiner Zeit zu vernachlässigen. Besonders wertvoll für jeden, der sich mit der Napoleon-Ära befasst, sind die jedem Kapitel angefügten kommentierten bibliographischen Bemerkungen, die über die wichtigste Literatur und die Streitfragen der Forschung informieren.

Auch in der angelsächsischen Geschichtsschreibung hält das Interesse an der Gestalt Napoleons unvermindert an. In den letzten Jahren sind zwei umfangreiche Biographien erschienen: zum einen das auf gründlichen eigenen Archivrecherchen beruhende Buch des amerikanischen Historikers Alan Schom, der allen Aspekten des Charakters und des Lebens gerecht werden möchte, am Ende allerdings aus seinem Abscheu keinen Hehl macht: «The most destructive man in European history since Attila the Hun was no more.»[6] Zum anderen das Werk des englischen Autors Frank McLynn, das jedoch un-

Napoleon vor dem Schloss von Malmaison.
Anonymes Gemälde, Ende 19. Jahrhundert. Rueil-Malmaison,
Musée National du Château

Napoleon als Erster Konsul. Gemälde von Thomas Phillips, 1799. Bayonne, Musée Bonnat

ter einer manchmal allzu grobschlächtigen Verwendung psychoanalytischer Kategorien leidet.[7]

Erstaunlich frisch geblieben ist das Buch des niederländischen Historikers Jacques Presser aus dem Jahr 1956. Beherzter als die meisten seiner Vorgänger machte es sich daran, die Legenden um Napoleon zu zerstören, ohne das Bild des Herrschers, das dahinter sichtbar wurde, unnötig zu verzerren.[8] Unter den zahlreichen Darstellungen russischer Historiker bleibt bemerkenswert die Biographie von Albert S. Manfred von 1973 (1978 in deutscher Übersetzung in der DDR herausgekommen), die den Anspruch stellte, Napoleon «mit den Augen eines marxistischen Historikers des ausgehenden 20. Jahrhunderts» zu betrachten. Dass es dabei immer wieder zu ideologisch fixierten Urteilen kommt – etwa derart, dass der Usurpator «einer der hervorragendsten Vertreter der Bourgeoisie in einer Zeit war, als sie noch als junge, kühne und aufstrebende Klasse auftrat» –, mindert den Wert des ansonsten kenntnis- und materialreichen Buchs.[9]

Eine große Napoleon-Biographie, die den Vergleich mit Lefebvre und Tulard aufnehmen könnte, ist bislang auch von deutschen Historikern nicht geschrieben worden. Immer noch lesenswert ist die dreibändige Biographie, die der Wiener Historiker August Fournier bereits in den achtziger Jahren des 19. Jahrhunderts präsentierte und die seitdem mehrfach wieder aufgelegt wurde. Sehr eingängig und quellennah geschrieben, unternahm sie den Versuch, den «berühmtesten Emporkömmling aller Zeiten» jenseits von «verherrlichender Lobpreisung und vernichtender Verurteilung» zu würdigen, wobei sie insgesamt zu einem recht abwägenden Urteil gelangte. Die 2005 erschienene Napoleon-Biographie des Historikers und Journalisten Johannes Willms besticht ebenfalls durch eine umfassende Auswertung der Primärquellen, darunter die vielbändigen Korrespondenzen Napoleons und die schier unerschöpfliche Zahl von Memoiren seiner Zeitgenossen. Allerdings legt Willms den Akzent ganz auf die Persönlichkeit, die Strukturen der napoleonischen Ära bleiben schemenhaft. Während der Autor den Aufstieg des jungen Bonaparte mit unverkennbarer Sympathie begleitet, betrachtet er das Wirken Napoleons an der Spitze des Staates mit kritischer Distanz, ja bald mit unverhohlenem Abscheu.[10] So gilt für die deutsche Napoleon-Rezeption, was Friedrich Sieburg bereits 1956 in seinem Buch über das Intermezzo der «Hundert Tage» festgestellt hat: «Aber wer auch die Feder führen, wer auch die Stimme erheben mag, ein gelassenes Verhältnis zu Napoleon bringt kein Deutscher auf. Die besondere Art seiner Größe rührt in uns Saiten an, deren Schwingungen keine Harmonie ergeben.»[11]

> Die Geschichte liebt es bisweilen, sich auf einmal in einem Menschen zu verdichten, welchem hierauf die Welt gehorcht.
>
> Jacob Burckhardt: Weltgeschichtliche Betrachtungen

Der kleine Korse

Ich habe eine gewisse Vorahnung, daß diese kleine Insel Europa eines Tages in Staunen versetzen wird», schrieb Jean-Jacques Rousseau in seinem berühmten «Contrat social» von 1762, als er auf den «Mut und die Beharrlichkeit» des korsischen Volkes zu sprechen kam, «seine Freiheit wiederzuerlangen und zu verteidigen».[12] Sieben Jahre später, am 15. August 1769, wurde in Ajaccio, der größten Stadt auf Korsika, ein Mann geboren, der nicht nur Europa, sondern die ganze Welt in Erstaunen versetzen sollte: Napoleon Buonaparte.

Es wird berichtet, dass der Neuankömmling es besonders eilig hatte, das Licht der Welt zu erblicken. Seine Mutter Letizia hatte am Feste Mariä Himmelfahrt die Messe besucht, als die Wehen einsetzten. Kaum war sie ins Haus zurückgekehrt, als sie schon einem gesunden Knaben das Leben schenkte. Dass sie auf einem Teppich niedergekommen sei, den Heldengestalten aus Homers «Ilias» schmückten, ist eine der vielen Legenden, die Napoleon selbst in Umlauf gebracht hat – und zwar in der Absicht, bereits seine frühen Lebensjahre mit Bedeutsamkeit aufzuladen.[13]

Napoleons Geburt fiel in eine Zeit, da Korsika seine Hoffnung auf eine autonome Entwicklung begraben musste. Im Mai 1768 hatte die Republik Genua, in deren Besitz die Insel seit dem 13. Jahrhundert war, ihre Souveränitätsrechte an Frankreich abgetreten. Die Korsen widersetzten sich der neuen Herrschaft, so wie sie den Genuesern getrotzt hatten, doch am 8. Mai 1769 erlitten sie in der Schlacht bei Pontenuovo eine vernichtende Niederlage. Pasquale Paoli, der Führer der korsischen Unabhängigkeitsbewegung, musste nach England fliehen. Zu den ersten prägenden Eindrücken in Napoleons Kindheit gehörten die Klagen über die verlorenen Freiheiten und die Opfer der französischen Besatzungsmacht. *Ich kam auf die Welt, als das Vaterland zugrunde ging,* so hat Napoleon selbst in einem Brief an Paoli vom 12. Juni 1789, den historischen Moment pathetisch überhöhend, geschrieben. *Dreißigtausend Franzosen überschwemmten unsere Küsten, befleckten den Thron der Freiheit mit Strömen von Blut: das war das hassenswerte Schauspiel, das sich meinen jungen Augen bot. Die Schreie der Sterbenden, das Zittern der Unterdrückten, Tränen und Verzweiflung umgaben meine Wiege seit meiner Geburt.*[14]

Der Vater Carlo Buonaparte – ein Spross aus niederem Adel angeblich toskanischen Ursprungs – war ein eifriger Parteigänger Paolis gewesen; doch nach 1769 wechselte er die Seiten und diente sich den neuen Herren aus Frankreich an. Die Belohnung blieb nicht aus. 1771 wurde der Advokat als Assessor in Ajaccio mit einem festen Jahresgehalt angestellt und bald darauf als Deputierter des korsischen Adels an den französischen Hof nach Versailles entsandt. Geregelte Einkünfte

Das Maison Bonaparte, Napoleons Geburtshaus, in Ajaccio auf Korsika. Gemälde von Léonard-Alexis Daligé de Fontenay, 1849. Rueil-Malmaison, Châteaux de Malmaison et Bois-Préau

Carlo Bonaparte, Napoleons Vater. Französische Schule, 18. Jahrhundert. Ajaccio, Musée de la Maison Bonaparte

waren freilich auch notwendig, um die rasch wachsende Familie zu ernähren: Auf Joseph, den Ältesten (1768 geboren), und Napoleon folgten Lucien (1775), Elisa (1777), Louis (1778), Marie-Paolo, die spätere Pauline (1780), Maria-Annunziata, die spätere Caroline (1782), und Jérôme (1784).

Letizia Buonaparte war eine stadtbekannte Schönheit, die ihren Gatten 1764, im zarten Alter von vierzehn Jahren, geheiratet hatte. Sie erzog die wachsende Kinderschar mit liebevoller Strenge. *Eine Mutter, wie es nur wenige gibt – eine herrliche Frau von vielem Verstande,* so hat Napoleon sie noch kurz vor seinem Tode auf Sankt Helena gerühmt.[15] Ihrem zweiten Sohn «Nabulione», wie sie ihn auch noch rufen sollte, als er längst zum Ersten Konsul Frankreichs aufgestiegen war, zeigte sie sich in besonderer Weise zugetan. Dabei war er, glaubt man den Berichten, das schwierigste aller Kinder, von ungestümem Temperament, widerspenstig und jähzornig. *Ich war ein eigen-*

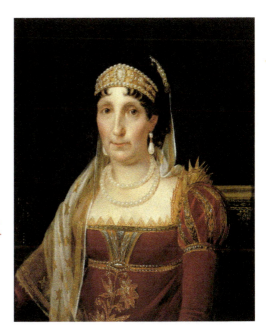

Letizia Bonaparte, Napoleons Mutter. Gemälde von François Pascal Simon Gérard, um 1810. Arenenberg (Schweiz), Napoleon-Museum

sinniges Kind, erzählte er später. *Nichts imponierte mir, nichts brachte mich aus der Fassung. Ich war zänkisch und kampfeslustig: ich fürchtete niemand. Den einen schlug ich, den anderen kratzte ich, und alle fürchteten mich. Mein Bruder Joseph hatte am meisten darunter zu leiden.*[16] Besonders einen wichtigen Grundsatz suchte Letizia an ihre Kinder weiterzugeben: dass man als Familie stets zueinander halten und füreinander einstehen müsse. Das Denken in Begriffen des Clans zählte zum korsischen Erbe, das Napoleon auch als Kaiser der Franzosen niemals verleugnete.[17]

Von seinem Gönner, dem französischen Gouverneur auf Korsika Louis Charles Graf von Marbeuf, erbat Carlo Buonaparte Stipendien für seine beiden ältesten Söhne. Napoleon sollte in einer der königlichen Militärschulen Frankreichs untergebracht, Joseph auf den Priesterberuf vorbereitet werden. Im Dezember 1778 verließen sie die heimatliche Insel, um zunächst auf dem Collège von Autun die französische Sprache zu erlernen. Von hier aus kam Napoleon Mitte Mai 1779 nach Brienne – auf eine jener zwölf Militäranstalten, die dazu bestimmt waren, den Söhnen des Adels, die zur Armee wollten, eine hinreichende Ausbildung zuteil werden zu lassen.

Vom sonnigen Süden in den trüben Norden der Champagne, vom ungebundenen Leben in die klösterliche Zucht einer von Mönchen geleiteten Anstalt – dieser jähe Wechsel war für den noch nicht einmal zehnjährigen Napoleon ein Schock. Zudem war der kleine Korse mit dem seltsamen Namen und dem fremden italienischen Akzent eine ideale Zielscheibe für die Hänseleien der Mitschüler. Sein empfindliches Ehrgefühl reagierte darauf mit stolzer Abwehr. *Von meinen Gefährten hielt ich mich fern,* erinnerte er sich im Jahr 1803. *Ich hatte mir ein Eckchen in der Umgebung der Schule ausgesucht, wo ich nach Belieben sitzen und träumen konnte, denn ich hatte immer einen Hang zur Träumerei. Wenn meine Kameraden mir den Besitz dieses Winkels streitig machen wollten, verteidigte ich ihn mit allen Kräften. Ich hatte schon eine Ahnung davon, daß mein Wille dem der anderen überlegen war.*[18]

Zuflucht suchte Napoleon auch in der Lektüre, etwa in Plutarchs Lebensbeschreibungen großer Männer der Antike. Er war ein unersättlicher Leser, und er las «stets mit der Feder in der Hand»[19], das heißt, er eignete sich das Gelesene an, indem er ausführliche Exzerpte anfertigte. Seine schulischen Leistungen waren eher mittelmäßig. Die französische Orthographie bereitete ihm Schwierigkeiten – er sollte sie nie ganz beherrschen. Bald erkannten seine Lehrer seine Begabung für die Mathematik, *diese erste der Wissenschaften,* wie er sie einmal nannte.[20] Auch Geschichte und Geographie gehörten zu seinen Lieblingsfächern. Vor allem für die Historie seiner Heimat interessierte er sich früh, und in einem Brief an seinen Vater vom Oktober 1784 bat er darum, ihm James Boswells Buch über Korsika *nebst noch einigen anderen das Land betreffenden Geschichtswerken und Memoiren zu schicken*[21]. Den Plan, eine eigene Geschichte Korsikas zu schreiben, hat er zwar in den folgenden Jahren immer wieder erwogen, dann aber schließlich doch nicht verwirklicht.

Napoleon verbrachte fast viereinhalb Jahre, bis zum 17. Oktober 1784, in Brienne, und diese Zeit war für seine Charakterbildung von großer Bedeutung. Er lernte, sich auch in einer ihm fremden, ja feindlichen Umgebung zu behaupten und sich allmählich Respekt zu verschaffen. Seine Vorliebe fürs Militärische, die manche Historiker bereits in seiner frühen Kindheit angelegt sehen, hat sich erst in Brienne ausgebildet. Als ihm sein Vater bei seinem ersten und einzigen Besuch im Juni 1784 eröffnete, dass Joseph sich entschlossen habe, nun ebenfalls die soldatische Laufbahn einzuschlagen, weil er sich zum Priester nicht berufen fühle, begründete Napoleon in einem langen Brief an seinen Onkel Nicolò Paravicini in Ajaccio, warum er den Entschluss seines Bruders nicht billigen könne. Denn zum einen besitze Joseph *nicht genug Beherztheit, um den Gefahren einer Schlacht zu trotzen,* zum anderen betrachte er *den Soldatenstand nur vom Standpunkt der Garnison* aus. Anders würde er urteilen, wenn sein Bruder *eine entschiedene Neigung für den Beruf* verspüre, *den schwierigsten übrigens, den es gibt, und wenn die große Triebkraft aller menschlichen Dinge ihm (wie mir) [...] diese entschiedene Neigung fürs Militär mitgegeben* hätte.[22] Für einen noch nicht einmal fünfzehnjährigen Schüler war dies das erstaunliche Zeugnis eines frühreifen Geistes. Scharfe Intelligenz und praktischer Sinn verbanden sich mit einem kalten Blick selbst auf ihm nahe stehende Menschen.

«Verdient in die Kriegsschule von Paris aufgenommen zu werden», so lautete das Urteil des Schulinspektors vom September 1783.[23] Ende Oktober 1784 war es so weit: Napoleon kam, als Offiziersaspirant, auf die École militaire du Champs-de-Mars – die renommierteste Militärschule in ganz Frankreich, deren luxuriöse Ausstattung sich von der düsteren, freudlosen Anstalt in Brienne unterschied. Auch hier empfand der junge Korse stark den gesellschaftlichen Abstand zu den Söhnen der reichen französischen Adelsfamilien, doch er konnte damit nun besser umgehen, weil er sich seines eigenen Wertes bewusst geworden war und seinen Fähigkeiten vertraute. Er wurde von ausgezeichneten Lehrern unterrichtet, darunter von Louis Monge, dem Bruder des berühmten Mathe-

Bonaparte, sechzehn Jahre alt. Kreidezeichnung, 1785. Rueil-Malmaison, Châteaux de Malmaison et Bois-Préau

matikers Gaspard Monge. Bereits nach einem Jahr (statt der üblichen zwei Jahre) legte er als 42. unter 58 Teilnehmern des Jahrgangs das Examen ab und wurde zum Sekondeleutnant beim Artillerieregiment La Fère in Valence ernannt. Mit nur sechzehn Jahren trug er die Uniform eines Offiziers der königlichen Armee.

In dem kleinen Garnisonsort an der Rhône lernte Napoleon das militärische Handwerk von der Pike auf. In den ersten drei Monaten, so sahen es die Bestimmungen vor, musste er als Kanonier Dienst tun, bevor er endgültig ins Offizierskorps aufgenommen wurde. Zu den einfachen Soldaten fand er offenbar mühelos Kontakt; er machte sich mit ihren Gewohnheiten und Umgangsformen vertraut – eine Erfahrung, die ihm bei seinen späteren Feldzügen zustatten kommen sollte.

In Valence probte Napoleon auch die ersten Schritte auf gesellschaftlichem Parkett. Frau von Colombier, die einen Salon unterhielt, nahm sich des linkischen Korsen an. Zu ihrer Tochter Caroline fasste Napoleon eine erste, scheue Zuneigung, derer er sich auch in späteren Jahren gern erinnerte. Ansonsten bot das Garnisonsleben wenig Abwechslung, und mit seinem kärglichen Sold konnte der junge Leutnant ohnehin keine großen Sprünge machen. Wie in Brienne und Paris widmete er sich seiner Lieblingsbeschäftigung, der Lektüre. Er verschlang die Bücher der führenden Aufklärungsphilosophen, vor allem Rousseaus und Guillaume Raynals, und er studierte militärische Standardwerke wie die «Mémoires sur la guerre» des Marquis de Feuquière oder den «Essai général de tactique» von Jacques Antoine Guibert.[24] An Wissen und Bildung war er den meisten seiner Offizierskameraden weit überlegen.

Im Februar 1785 starb Carlo Buonaparte im Alter von nur 39 Jahren an Magenkrebs. In einem Brief an die Mutter drückte Napoleon seinen Schmerz auf eigentümlich formelle Weise aus: *Wir werden unsere Liebe und Ergebenheit für Sie noch verdoppeln und uns glücklich schätzen, wenn wir Sie dadurch wenigstens teilweise den unersetzlichen Verlust eines geliebten Mannes vergessen machen können.*[25] Eigentlich hätte Joseph, der Älteste, als Chef des Clans einspringen müssen, aber der Zweitälteste machte bald deutlich, dass er diese Rolle für sich selbst beanspruchte. Anfang September 1786 nahm er Urlaub, um in Ajaccio nach dem Rechten zu sehen. Nach sieben Jahren und neun Monaten sah er die geliebte Heimatinsel wieder.

Es war höchste Zeit, dass er kam. Denn seit dem Tod des Vaters häuften sich die finanziellen Schwierigkeiten der Familie. Carlo Buonaparte hatte einige Unternehmungen gegründet, unter anderem eine Maulbeerbaumschule, die mehr kosteten, als sie einbrachten. Im Herbst 1787, nachdem ihm sein Urlaub um ein weiteres halbes Jahr verlängert worden war, reiste Napoleon nach Paris, um staatliche Hilfen zu erbitten. Er musste unverrichteter Dinge zurückkehren. Allerdings war der Pariser Aufenthalt insofern nicht folgenlos, als er zum ersten Mal mit einer Frau schlief, einer Prostituierten im Vergnügungszentrum Palais Royal – allem Anschein nach ein eher ernüchterndes Erlebnis, über das er selbst berichtet hat.[26]

Erst Anfang Juni 1788, nach einer abermaligen Verlängerung des Urlaubs, kehrte er zu seinem Regiment zurück, das mittlerweile nach Auxonne, einer Stadt in der Bourgogne, verlegt worden war. Hier erweiterte er, unter Anleitung des Barons Jean Pierre du Teil, seine Kenntnisse über den wirkungsvollsten Einsatz der Artillerie. General du Teil erkannte das militärische Talent des jungen Leutnants und gab ihm manche Gelegenheit, sich auszuzeichnen.

In Auxonne erlebte Napoleon auch die Vorbeben der Revolution. Nachdem der französische Hof im August 1788 dem Verlangen nach Einberufung der Generalstände nachgegeben und die Wahlbewegung zu einer breiten Politisierung geführt hatte, schrieb Napoleon seiner Mutter: *Wie es scheint, hat der Unfriede bei den drei Ständen Einkehr gehalten, und schon hat der dritte Stand mit der größten Anzahl der Deputierten den Sieg davongetragen. Aber dieser Sieg hat nicht viel zu sagen, wenn er nicht die Abstimmung pro Kopf, anstatt pro Stand erreicht.*[27] Tatsächlich war das die Kernfrage, an der sich der Streit in den Generalständen seit Frühjahr 1789 entzündete. Begleitet war er von Unruhen und Revolten im ganzen Land, als Reaktion auf die anhaltende Teuerung.

Anfang April 1789 brachen auch in Seurre südlich von Auxonne Unruhen aus. Napoleon wurde mit dem Kommando über die drei Kompanien betraut, welche die Ordnung wieder herstellen sollten. Zwei Monate blieb er in der Stadt, und aus dieser Zeit ist ein charakteristischer Ausspruch von ihm überliefert: *Die rechtschaffenen Leute sollen nach Hause gehen, ich schieße nur auf das Gesindel.*[28] Andererseits hatte er im Oktober 1788, als er sich Gedanken über das Königtum machte, notiert: *Es gibt nur sehr wenige Könige, die nicht schon verdient hätten, entthront zu werden*[29], was ihn keineswegs als überzeugten Anhänger des französischen Monarchen Ludwig XVI. ausweist.

Welche Anschauungen vertrat Napoleon am Vorabend der Französischen Revolution? Sein Geschichtslehrer an der École militaire in Paris urteilte über ihn: «Er ist Korse von Nation und

Charakter und wird es weit bringen, wenn ihn die Umstände begünstigen.»[30] Tatsächlich fühlte sich Napoleon, auch als er den Rock des französischen Königs trug, immer noch in erster Linie als Korse. Seine Heimat von der französischen Fremdherrschaft zu befreien – das war sein Traum. Sein korsischer Patriotismus verband sich mit einem glühenden Hass auf jene Söhne aus französischem Adel, die dünkelhaft auf die Vorrechte ihrer Geburt pochten und ihn, den mittellosen Korsen, ihre Geringschätzung spüren ließen. Der Wunsch, ihnen die erlittenen Demütigungen heimzuzahlen, machte ihn auch aufnahmebereit für die Ideen der Aufklärung, vor allem für die Lehren Jean-Jacques Rousseaus, der zeitweilig den größten Einfluss auf sein Denken ausübte. *Ich war damals 18 Jahre alt, hatte einen glühenden Patriotismus und liebte die Freiheit: republikanische Ideen strömten aus allen Poren meiner Haut*, so hat er sich noch auf Sankt Helena erinnert.[31]

Bereits in einem seiner ersten Manuskripte *Über Korsika* vom 26. April 1786, dem Geburtstag des von ihm vergötterten Paoli, ist dieser Einfluss unverkennbar. *Wenn es nun durch diese Natur des ‹Gesellschaftsvertrags› erwiesen ist, daß, selbst ohne zureichenden Grund, ein Volk seinen eigenen Fürsten absetzen kann, um wie viel mehr einen fremden, der, alle Naturgesetze verletzend, sich gegen die Regierungseinrichtungen vergeht. Spricht dies nicht für die Korsen, da die Herrschaft der Genuesen doch nur eine vertragsmäßige war? Deshalb durften sie das genuesische Joch abschütteln, und deshalb können sie auch mit dem der Franzosen dasselbe tun.*[32] Neben solchen kühlen, rationalen Erörterungen stehen, scheinbar unverbunden, gefühlvolle Bekenntnisse bis hin zu Weltschmerz und Lebensüberdruss. So wenn er im Mai 1786 aufs Papier warf: *Aber, fürwahr! was soll ich in der Welt? Da ich nun einmal sterben muß, wär's nicht gleich gut, mich jetzt zu töten? […] Mein Dasein ist mir zur Last, da ich keinerlei Freude genieße und alles mir nur Schmerz verursacht; es ist mir zur Last, weil die Menschen, mit denen ich lebe und voraussichtlich immer leben werde, so ganz anders sind als ich, ungefähr wie der Glanz des Mondes von dem der Sonne sich unterscheidet.*[33] Rousseaus schwärmerisch-empfindsame Schriften, aber auch Goethes «Werther» (den

Napoleon mehrere Male las) hatten ihre Wirkung auf dieses Gemüt nicht verfehlt. Natürlich dachte er nicht ernsthaft an Selbstmord. Aber der Widerspruch zwischen Vernunft und Emotion, zwischen streng methodischem Denken und gefühlvollen Schwärmereien – er kennzeichnete Napoleons Persönlichkeit in diesem Stadium ihrer Entwicklung. Als sich dem begabten Offizier durch die Revolution die Möglichkeit zur Betätigung bot, war das Gefühl der Leere und des Nichtausgefülltseins mit einem Schlage verflogen.

Aufstieg mit Fortune

Gerade erfahre ich Neues aus Paris; es ist höchst erstaunlich und alarmierend [...]. Man weiß nicht, wohin das führt, schrieb Napoleon in einem Brief vom 15. Juli 1789 [34], nachdem die Kunde vom Sturm auf die Bastille einen Tag zuvor nach Auxonne gedrungen war. Auch die Garnisonsstadt an der Saône blieb von den revolutionären Erschütterungen in der Hauptstadt nicht unberührt. Demonstranten drangen in Amtsräume ein, verwüsteten das Mobiliar und verbrannten Akten. Im August verweigerten Kanoniere von Napoleons Regiment den Gehorsam und verlangten die Herausgabe der Kriegskasse. Dem Sekondeleutnant waren die Anzeichen von Disziplinlosigkeit zuwider, wie er überhaupt gegenüber den Aktionen des *peuple*, der unteren Schichten des Volkes, stets eine instinktive Abscheu empfand. Auf der anderen Seite begrüßte er lebhaft die Abschaffung der feudalen Privilegien. *Es ist ein großer Schritt zum Guten,* kommentierte er in einem Brief an seinen Bruder Joseph den historischen Beschluss der Nationalversammlung vom 4. August 1789. [35] Ende August leistete auch sein Artillerieregiment den Eid auf die neue Ordnung.

Doch nichts hielt Napoleon mehr in Frankreich. Sein künftiges Wirkungsfeld erblickte er auf Korsika, das ihm immer noch als *patrie*, als sein eigentliches Vaterland, galt. Ende September 1789, nachdem ihm erneut Urlaub gewährt worden war, traf er in Ajaccio ein. Gemeinsam mit seinem Bruder Joseph entfaltete er eine fieberhafte politische Aktivität. Ein patriotischer Klub wurde gegründet, eine Nationalgarde gebildet und in einer Eingabe an die Nationalversammlung die Forderung er-

> Das Land, wo man geboren ist, übt einen unsichtbaren Zauber aus; die Erinnerung verschönert es unter allen Formen, selbst bis zum Duft, den man den Sinnen so gegenwärtig glaubt, daß man mit verbundenen Augen den Boden zu erkennen meint, den man als Kind betreten hat.
>
> Napoleon auf St. Helena

hoben, die Korsen in jene Rechte wieder einzusetzen, *die die Natur jedem Menschen in seinem Lande verliehen hat.*[36]

Freilich dachte Napoleon jetzt nicht mehr an eine völlige Unabhängigkeit Korsikas. In seiner Einstellung zu Frankreich hatte sich seit dem 14. Juli 1789 ein Wandel vollzogen. Hatte er vor der Revolution die Franzosen vor allem als Unterdrücker seiner Landsleute gesehen, so ging er nun von einer Identität der Interessen aus. *Diese aufgeklärte, mächtige und edle Nation*, erklärte er emphatisch, *hat sich ihrer Rechte und ihrer Stärke erinnert: Sie ist frei geworden und hat gewollt, daß auch wir es werden; sie hat uns ihren Schoß geöffnet, und fortan haben wir dieselben Interessen, dieselben Sorgen. Es gibt kein Meer mehr zwischen uns.*[37] Stolz trugen Napoleon und seine Anhänger die dreifarbige Kokarde als Unterpfand der Freiheit an ihren Hüten, und an der Casa Buonaparte las man ein Transparent mit der Aufschrift: «Es lebe die Nation, es lebe Paoli, es lebe Mirabeau.»[38]

Ende November 1789 beschloss die Pariser Nationalversammlung, Korsika in das neue Frankreich aufzunehmen und ihm dieselben verfassungsmäßigen Rechte zu geben. Gleichzeitig wurde eine Amnestie für die politischen Flüchtlinge, an der Spitze Pasquale Paoli, ausgesprochen. Der legendäre Frei-

Pasquale Paoli.
Gemälde von Thomas Lawrence, 1799

heitskämpfer kehrte im Juli 1790 nach Korsika zurück, wo man ihm einen triumphalen Empfang bereitete.

Auch die Brüder Buonaparte warben heftig um seine Gunst, doch schon die erste Begegnung Napoleons mit dem Idol seiner Jugendjahre endete mit einer Enttäuschung. Paoli brachte den Söhnen seines einstigen Weggefährten, der sich so wendig auf die Seite der Franzosen geschlagen hatte, von vornherein erhebliches Misstrauen entgegen. Der kalte Empfang tat der Verehrung Napoleons für den Führer der Korsen zunächst keinen Abbruch. Als der konservative Abgeordnete des korsischen Adels, Graf Buttafoco, im Oktober 1790 von der Tribüne der Nationalversammlung aus Paolis selbstherrliche Allüren anprangerte, verteidigte Napoleon in einer Schrift *Lettre à Buttafoco* wortreich seinen Meister.[39] Paoli allerdings reagierte auf diesen Dienst seines eilfertigen Bewunderers eher unwillig. Die Broschüre des Bruders, ließ er Joseph Buonaparte wissen, «hätte einen größeren Eindruck hinterlassen, wenn er weniger gesagt hätte und weniger parteiisch gewesen wäre».[40]

Bereits im Dezember 1789 hatte sich der französische Militärkommandant von Ajaccio über Napoleon beim Kriegsminister beschwert: «Es wäre besser, wenn dieser Offizier bei seiner Einheit wäre, weil er hier ständig Unruhe im Volk schürt.»[41] Napoleon ließ sich jedoch viel Zeit; erst im Februar 1791, längst nachdem die offizielle Frist seiner Beurlaubung abgelaufen war, kehrte er zu seinem Regiment in Auxonne zurück. Das unentschuldigte Fernbleiben blieb jedoch folgenlos. Viele royalistisch gesinnte Offiziere hatten mittlerweile ihren Dienst quittiert und Frankreich verlassen. So war man im Grunde froh über jeden, der bei der Fahne blieb.

Anfang Juni 1791 wurde Napoleon zum Premierleutnant beim 4. Artillerieregiment in Valence befördert. Hier erfuhr er vom gescheiterten Fluchtversuch Ludwigs XVI. und seiner Familie in der Nacht vom 20. auf den 21. Juni – ein Ereignis, das dem Ansehen der Monarchie schweren Schaden zufügte. Auch Napoleon gab sich nun offen als Republikaner zu erkennen. Er engagierte sich, sehr zum Ärger mancher seiner Offizierskollegen, in der «Gesellschaft der Freunde der Verfassung», dem

Jakobinerklub am Ort, und er beteiligte sich an einem Auf-
satzwettbewerb, den die Akademie von Lyon ausgeschrieben
hatte. Das Thema lautete: «Welche Wahrheiten und Empfin-
dungen sind den Menschen einzuprägen, um sie glücklich zu
machen.» Als Preisgeld winkten 3000 Livres, die der Leutnant,
der sie gut hätte gebrauchen können, allerdings nicht bekam.

Napoleon hat sich, als er Kaiser geworden war, von dieser
Schrift distanziert, weil sie *voll republikanischer Ideen* gewesen
sei und einen *überspannten Drang nach Freiheit* erkennen lasse –
angeblich hat er sogar das Manuskript, als Außenminister Talleyrand es ihm eines Tages überreichte, ins Kaminfeuer gewor-
fen.[42] Tatsächlich war die vierzigseitige Abhandlung eine etwas wirre Mixtur all dessen, was er sich im Laufe seiner jungen
Jahre an fortschrittlichen Gedanken angelesen hatte. Vor allem
war sie eine Verbeugung vor Rousseau, dem wichtigsten Stich-
wortgeber: *O, Rousseau, warum hast du nur sechzig Jahre lang ge-
lebt? Im Interesse der Tugend hättest du unsterblich sein sollen.*[43]

Im Oktober 1791 war Napoleon bereits wieder auf Korsika. Die Entfremdung zwischen ihm und Paoli zeigte sich nun
deutlicher, und sie hatte nicht nur persönliche, sondern auch
sachliche Gründe. Durch die Partei der Paolisten zog sich ein
immer breiterer Riss: Während die einen, unter ihnen der Clan
der Buonapartes, eine enge Anbindung Korsikas an Frankreich
befürworteten, suchten die anderen, allen voran Paoli selbst,
ein höheres Maß an Unabhängigkeit zu bewahren. Napoleon
strebte im Kampf um die Macht eine führende Position in
einem Freiwilligen-Bataillon an, und er bediente sich dabei
ebenso machiavellistischer Mittel wie seine Kontrahenten.
Während der Ostertage 1792 brachen in Ajaccio blutige Unruhen zwischen Katholiken und Republikanern aus, in die auch
Napoleons Verband verwickelt war. Eine Flut von Klagen über
das ungesetzliche Vorgehen des Leutnants erreichte das Pariser
Kriegsministerium.

Ohnehin war bei seinen Vorgesetzten die Geduld erschöpft. Zu Beginn des Jahres 1792 wurde er wegen wiederhol-
ten Überschreitens seines Urlaubs aus der Stammrolle der Armee gestrichen. Im Mai brach Napoleon nach Paris auf, um

sich zu rechtfertigen. Und er erreichte nicht nur seine Wiederaufnahme, sondern wurde sogar zum Hauptmann befördert. Jeder tüchtige Offizier wurde gebraucht, denn inzwischen befand sich das revolutionäre Frankreich im Krieg mit den konservativen europäischen Mächten Österreich und Preußen, der zunächst eine ungünstige Wendung zu nehmen schien. Zugleich beschleunigte sich die Radikalisierung im Innern; im Lager der Revolutionäre spitzten sich die Gegensätze zu: zwischen den gemäßigten Girondisten (so benannt nach der Herkunft einiger ihrer führenden Vertreter aus dem Departement Gironde in Südwestfrankreich) und den Anhängern der «Bergpartei», den radikalen Jakobinern um Maximilien de Robespierre, die, gestützt auf die besitzlosen Unterschichten, die Sansculotterie, die Ideen der Volkssouveränität und Gleichheit nun in die Tat umsetzen wollten. Die Jakobiner *gebärdeten sich wie die Narren, ohne gesunden Menschenverstand*, schrieb Napoleon an seinen Bruder Joseph [44], nachdem am 20. Juni 1792, dem Jahrestag des Ballhausschwurs, bewaffnetes Pariser Volk in die

Maximilien de Robespierre. Anonymes Gemälde, um 1790. Paris, Musée Carnavalet

Tuilerien eingedrungen war und Ludwig XVI. gezwungen hatte, die Jakobinermütze aufzusetzen und mit ihm zu trinken.

Napoleon war auch Augenzeuge des zweiten Sturms auf die Tuilerien am 10. August 1792, in dessen Verlauf fast alle Angehörigen der Schweizer Garde, die das Schloss verteidigte, getötet wurden. Noch auf Sankt Helena hat er sich an den schrecklichen Anblick erinnert: *Niemals hat mir später eines meiner Schlachtfelder auch nur annähernd den Eindruck so vieler Leiden gemacht, wie es mir hier bei der Menge der toten Schweizer der Fall zu sein schien.*[45] Seine Furcht vor den Massen, von ihm gern als *Pöbel* oder *Kanaille* bezeichnet, sah sich aufs Neue bestätigt.

Im September 1792, als unter dem Eindruck der militärischen Rückschläge Häftlinge in den Pariser Gefängnissen ermordet wurden, als der neu gewählte Nationalkonvent zusammentrat und das Königtum für abgeschafft erklärte – in dieser entscheidenden Phase der Revolution war Napoleon bereits wieder zurückgeeilt nach Korsika, um hier noch einmal in den teils verdeckten, teils offenen Kampf der rivalisierenden Clans und Gruppierungen einzugreifen. Überdies lockte eine militärische Aufgabe: Nachdem die Revolutionstruppen nach der Kanonade von Valmy im September 1792 zur Gegenoffensive übergegangen waren, sollte nun durch eine Expedition gegen Sardinien auch die Südflanke entlastet und ein wichtiger Punkt im Mittelmeer besetzt werden. Napoleon beteiligte sich mit seinem Freiwilligen-Bataillon, doch das Unternehmen scheiterte kläglich, weil im entscheidenden Moment die Besatzung der Schiffe meuterte und die Flotte zur Rückkehr zwang.

Napoleon verdächtigte Paoli, die Expedition bewusst hintertrieben zu haben. Anfang April 1793 verfügte der Konvent, den Führer der Korsen verhaften und ihn nach Paris schaffen zu lassen – ein Befehl, der unter seinen immer noch zahlreichen Anhängern Empörung auslöste. Als schließlich ein Brief Lucien Buonapartes an seine Brüder in Paolis Hände fiel, in dem sich jener brüstete, das Dekret des Konvents bewirkt zu haben, war der Bruch perfekt. Der ganze Zorn der Paoli-Leute entlud sich jetzt gegen die Buonapartes. Sie wurden für vogelfrei erklärt. Am 11. Juni 1793 musste die gesamte Familie fluchtartig die Insel verlassen; ihr Anwesen wurde zerstört. Der korsische Traum war ausgeträumt. Fast vier Jahre seines Lebens hatte Napoleon auf ein Projekt verwendet, das mit einem Fiasko endete.

Inzwischen hatte sich in Frankreich die Situation weiter radikalisiert: Im Januar 1793 war Ludwig XVI. hingerichtet worden. Im Mai brach ein gegenrevolutionärer Aufstand in der Vendée aus. Anfang Juni wurden die führenden Girondisten verhaftet. Damit begann die letzte Phase der Revolution, die Jakobinerherrschaft, die im Zeichen der «terreur», ausgeübt durch den Wohlfahrtsausschuss des Konvents unter Robespierre, stand. Nüchtern wog Napoleon nach seiner Rückkehr seine Chancen ab, und die verwiesen ihn auf die Jakobiner, von denen er sich noch ein Jahr zuvor distanziert hatte. Nachdem seine Familie eine vorläufige Bleibe in Marseille gefunden hatte, begab er sich zu seinem Regiment nach Nizza. Die Lage im Süden Frankreichs war prekär. In Lyon, Marseille, Toulon hatte sich die Bevölkerung gegen die Konventsherrschaft erhoben. Auf welcher Seite Napoleon stand, daran ließ er in einer Ende Juli 1793 verfassten Broschüre *Le Souper de Beaucaire* keinen Zweifel.

Die Schrift nimmt, in Form eines fiktiven Dialogs zwischen zwei Kaufleuten aus Marseille, einem Bürger aus Nîmes, einem Fabrikanten aus Montpellier und einem Offizier, zu den aktuellen Fragen Stellung. Der Offizier, mit dem Napoleon sich offenkundig identifiziert, versucht, den aufständischen Marseillern das Verwerfliche ihres Tuns klar zu machen: Es sei militärisch aussichtslos und würde nur den Feinden Frankreichs in die Hände spielen. Ihre Sonderinteressen müssten sie dem öffentlichen Wohl unterordnen, das im Konvent, dem wahren Souverän, am besten aufgehoben sei.[46] Die Konventskommissare bei der Südarmee, unter ihnen Augustin Robespierre, der jüngere Bruder des mächtigen Maximilien, fanden Gefallen an dem Werk und ließen es drucken. Mehr noch: Sie sorgten Mitte September 1793 dafür, dass Hauptmann Buonaparte mit dem Kommando über die Artillerie der Belagerungsarmee vor Toulon betraut wurde.

Das abtrünnige Toulon hatte im August seinen wichtigen Kriegshafen für die englische Flotte geöffnet. Die Rückeroberung der Stadt war also für die Konventstruppen von großer strategischer und moralischer Bedeutung. Napoleon bewies hier zum ersten Mal sein überragendes militärisches Talent, indem er mit scharfem Blick den Punkt erkannte, gegen den der Angriff zu richten war, um die Engländer zum Rückzug zu zwingen. In der Nacht zum 17. Dezember 1793 begann der Sturm; bereits zwei Tage später zogen die Konventstruppen in die Stadt ein. Napoleon hat, als er auf Sankt Helena seine Memoiren diktierte, mit der Belagerung von Toulon begonnen[47] – zu Recht, denn hier begann sein militärischer Stern aufzugehen. «Es fehlen mir die Worte, Dir die Verdienste Bonapartes zu schildern», rühmte General du Teil in seinem Bericht an den Kriegsminister. «Große Kenntnisse, ebensoviel Intelligenz und außergewöhnliche Tapferkeit – da hast du nur einen schwachen Begriff von den Eigenschaften dieses seltenen Offiziers.»[48] Am 22. Dezember wurde Napoleon zum Brigadegeneral ernannt. Eine Gruppe junger Offiziere, die später unter ihm Karriere machen sollten, hatte er erstmals um sich geschart: Duroc, Junot, Marmont, Leclerc, Desaix und andere.

Auf Vorschlag Augustin Robespierres, der den erst fünfundzwanzigjährigen General als einen Mann von «ungewöhnlichem Wert» schätzte[49], erhielt Napoleon im März 1794 das Kommando über die Artillerie der Italien-Armee, deren Hauptquartier in Nizza lag. Bald darauf entwarf er einen Operationsplan, der eine Offensive nach Oberitalien, in die reiche Ebene von Piemont, vorsah, um Österreichs Position in Deutschland von Süden her aufzurollen. Dieser Plan wurde jedoch durch die Ereignisse des 9. Thermidor (27. Juli) 1794 zur Makulatur: An diesem Tage wurde Robespierre verhaftet und kurz darauf zusammen mit seinem Bruder und weiteren 21 Anhängern hingerichtet. Das war das Ende der Jakobinerherrschaft.

Für Napoleon konnte das nicht folgenlos bleiben, denn schließlich galt er als Protégé des jüngeren Robespierre. Am 9. August wurde er verhaftet und in eine Zelle der Festung von Antibes eingesperrt. Selbstbewusst verteidigte er sich: *Habe ich nicht seit Beginn der Revolution an ihren Grundsätzen festgehalten? […] Ich habe den Aufenthalt in meinem Departement geopfert, mein Hab und Gut verlassen, alles verloren für die Republik. Soll ich nun mit den Feinden des Vaterlandes zusammengeworfen werden?*[50] Bereits am 20. August wurde Napoleon wieder entlassen; man hatte in seinen Papieren nichts Belastendes entdecken können. Doch für die Zukunft eröffneten sich ihm wenig verheißungsvolle Aussichten. Sein Kommando war er vorerst los und sein Ruhm als Befreier Toulons inzwischen verblasst.

Im Winter 1794/95 und Frühjahr 1795 hielt sich Napoleon bei seiner Familie in Marseille auf. Er hatte hier zarte Bande geknüpft zu Désirée Clary, der Tochter eines wohlhabenden Marseiller Großkaufmanns. Eingeführt in das Haus hatte ihn sein Bruder Joseph, der sich in die ältere Schwester Désirées, Julie, verliebt hatte. Im August 1794 heiratete er sie. Die finanzielle Situation der Familie verbesserte sich dadurch schlagartig.

Désirée Clary, die spätere Marschallin Bernadotte und Königin von Schweden. Gemälde von François Pascal Simon Gérard, 1810. Paris, Musée Marmottan

Ende April 1795 erhielt Napoleon den Befehl, sich zur Westarmee zu begeben, die immer noch mit der Niederschlagung des Aufstands in der Vendée beschäftigt war. Er wurde in Paris vorstellig, um sich um ein anderes Kommando zu bewerben. Stattdessen versetzte man ihn zur Infanterie, was einer Degradierung gleichkam. Als Napoleon keinerlei Anstalten machte, den Posten anzutreten, wurde er am 15. September 1795 aus der Liste der aktiven Generäle gestrichen. Seine militärische Karriere schien beendet.

Laure Permon, die spätere Frau General Junots und Herzogin von Abrantès, die Napoleon in dieser Zeit im Hause ihrer Eltern erlebte, hat eindrucksvoll geschildert, wie er damals aussah: «Wenn ich mir Napoleon vorstelle, wie er 1795 den Vorplatz des ‹Hôtel de la Tranquillité› betrat und ihn mit linkischen, unsicheren Schritten überquerte, mit seinem schäbigen runden Hut, den er tief ins Gesicht gedrückt trug, mit seinem unordentlichen Haar, das darunter hervorgerutscht war und auf den Kragen seines grauen Mantels fiel […], ohne Handschuhe, die, behauptete er, eine überflüssige Ausgabe seien, mit schlecht gearbeiteten, schlecht gewichsten Stiefeln – kurzum, wenn ich mir seine ganze jämmerliche Erscheinung von damals in Erinnerung rufe und mir dann sein späteres Bild vor Augen halte, dann kann ich ihn kaum wiedererkennen.» [51]

Paris im Sommer 1795 – das war eine Stadt im Vergnügungsrausch. Die Bürger wollten die Schrecken der Jakobinerherrschaft möglichst rasch vergessen. *Der Luxus, das Vergnügen und die Künste gewinnen jetzt hier wieder auf erstaunliche Weise die Oberhand*, berichtete Napoleon in einem Brief an Joseph. *Equipagen und die vornehme Welt erscheinen wieder auf der Bildfläche, oder besser, sie erinnern sich nur noch wie eines langen Traums, daß sie jemals aufgehört hatten zu glänzen.* [52]

Wollte der korsische General den Anschluss nicht verpassen, dann musste er versuchen, sich mit den neuen Männern zu arrangieren, die in Frankreich nach dem Sturz Robespierres den Ton angaben: den Thermidorianern, einer Gruppe skrupelloser Parvenüs und Geschäftemacher, welche die Revolution nach oben gespült hatte und die nun entschlossen waren, deren Früchte den eigenen egoistischen Interessen nutzbar zu machen. Diesem Ziel diente auch die neue Verfassung von 1795: Die Legislative wurde in zwei Kammern aufgeteilt, den Rat der Fünfhundert und den Rat der Alten (mit 250 Abgeordneten); die Exekutive bildete ein Gremium aus fünf Männern, das Direktorium. Zum starken Mann in diesem Kollegium wurde Paul Vicomte de Barras, ein besonders korrupter Politiker aus altem Adel, der sich in den Revolutionsjahren schamlos bereichert hatte. Napoleon hatte ihn bereits während der Belagerung von Toulon kennen gelernt, und er war ihm im Salon der Madame Tallien, dem beliebten Treffpunkt der Thermidorianer, wieder begegnet. Barras war es denn auch, der dem schon fast Gescheiterten den Weg zu neuem Aufstieg ebnete.

Bevor der Konvent auseinander ging, hatte er noch verfügt, dass zwei Drittel seiner Mitglieder auch in den beiden neu gewählten Kammern vertreten sein sollten. Damit wollte man einen möglichen Wahlsieg der Royalisten verhindern, die nach dem 9. Thermidor auch in Paris mächtigen Auftrieb bekommen hatten. Gegen dieses Dekret entwickelte sich eine Protestbewegung von rechts, die in einen regelrechten Auf-

Paul Barras.
Anonyme
Miniatur,
um 1790.
Paris, Musée
Carnavalet

stand gegen die neuen Machthaber mündete. Zur Abwehr der Gefahr übertrug der Konvent Barras den Oberbefehl über die Armee des Inneren; der holte sich, weil er selbst seinen militärischen Fähigkeiten misstraute, den ihm bekannten General Buonaparte an seine Seite. Und wieder, wie vor Toulon, erkannte Napoleon blitzschnell die Chance, die sich ihm bot. Er ließ 40 Kanonen herbeischaffen und postierte sie so geschickt um die Tuilerien, dass die heranrückenden Aufständischen am Nachmittag des 13. Vendémiaire (5. Oktober) 1795 schon nach wenigen Geschützsalven auseinander liefen, Hunderte von Toten zurücklassend.

Der «General Vendémiaire» war der Mann des Tages, sein Name plötzlich in aller Munde. Er wurde zum Divisionsgeneral befördert und, nachdem Barras ins Direktorium berufen worden war, dessen Nachfolger als Oberbefehlshaber des Inneren – eine einflussreiche und gut dotierte Stellung, die für ihn aber nur Sprungbrett war für das unverrückbar anvisierte Ziel: das Kommando über die italienische Armee. *Das Glück ist mir hold*, frohlockte er einen Tag später.[53] Das schien nun offenbar auch für sein Privatleben zu gelten. Im Salon der Madame Tallien hatte er Joséphine de Beauharnais kennengelernt, die Witwe eines Generals, den die Jakobiner aufs Schafott geschickt hatten. Sie war sechs Jahre älter als Napoleon – eine schon etwas verblühte Schönheit, aber immer noch äußerst attraktiv, jedenfalls in den Augen ihres Verehrers. Den in Liebesdingen noch wenig Erfahrenen wusste sie klug zu becircen, ohne allzu große Zuneigung für ihn zu empfinden. Für eine Verbindung mit ihm sprach in Joséphines berechnendem Kalkül, dass sie, eine abgelegte Mätresse von Barras, einen neuen Mann an ihrer Seite brauchte, der ihr den aufwendigen Lebensstil finanzierte. Aber auch Napoleons Werben war, so heftig er für sie entflammt schien, nicht frei von Berechnung: Durch die Beziehung zu Joséphine öffnete sich ihm manche Tür zu gesellschaftlich einflussreichen Kreisen, die ihm bislang verschlossen war. Und er verpflichtete sich dadurch Barras, seinen mächtigen Gönner.[54] Die Verbindung zu Désirée Clary brach er abrupt ab. Am 9. März 1796 heiratete er Joséphine; auf den vorgelegten Taufscheinen hatte sie sich vier Jahre jünger, er sich eineinhalb Jahre älter gemacht.

Zwei Tage nach der Hochzeit war Napoleon schon auf dem Weg nach Nizza, um sein neues Amt als Befehlshaber der Italien-Armee anzutreten. Er fühlte sich fortan ganz als Franzose; nichts sollte mehr an die korsischen Ursprünge erinnern, und wie um das zu bekräftigen, schrieb er seinen Namen nun «Bonaparte» statt «Buonaparte».

General des Direktoriums

Ich bin von der Armee mit lautem Jubel und Zeichen des Vertrauens empfangen worden, meldete Napoleon am 28. März 1796, einige Tage nach seiner Ankunft in Nizza, nach Paris.[55] Doch das entsprach nicht der Wahrheit. Die meisten Offiziere der Italien-Armee, darunter so erfahrene Generäle wie André Masséna und Pierre François Augereau, begegneten dem gerade sechsundzwanzigjährigen neuen Befehlshaber mit unverhohlenem Misstrauen. Sie sahen in ihm einen intriganten Emporkömmling, der es dank der Protektion des Direktoriums, nicht aber kraft eigener Leistungen zu seinem hohen militärischen Rang gebracht hatte. Aber Napoleon verstand es rasch, durch entschiedenes, keinen Widerspruch duldendes Auftreten und unverkennbare Kompetenz sich Respekt zu verschaffen. «Der hat mir aber einen schönen Schreck eingejagt, dieser Kleine», soll Masséna nach dem ersten Zusammentreffen gesagt haben.[56]

Napoleon fand die Armee – rund 40000 Mann – in einem beklagenswerten Zustand vor: *vollkommen mit schlechten Elementen durchsetzt, ohne Brot, ohne Disziplin, ohne Gehorsam*, wie er dem Direktorium berichtete.[57] Nicht nur waren die Soldaten mangelhaft ausgerüstet und gekleidet, sie hatten auch seit Monaten keinen Sold gesehen. Binnen kurzem sorgte der neue Kommandierende hier für Besserung, und mit zündenden Ansprachen suchte er die Moral der Truppe zu heben: *Ich will euch in die fruchtbarsten Ebenen der Welt führen. Reiche Provinzen, große Städte werden in eure Hände fallen; dort werdet ihr Ehre, Ruhm und Reichtümer finden.*[58]

Den Franzosen standen in Oberitalien zwei Armeen von insgesamt 70000 Mann gegenüber: die der Österreicher und die der Piemontesen. Napoleons Feldzugsplan sah vor, einen Keil zwischen beide Armeen zu treiben, um sie danach getrennt zu schlagen. Dieser Plan ging überraschend schnell auf. In einer Serie von Schlachten – Montenotte (12. April), Millesimo (13. April), Dego (14. April) – trennte er die Österreicher von ihren Verbündeten, denen er kurz darauf, am 21. April, bei Mondovi eine entscheidende Niederlage beibrachte. Am 28. April schloss er mit Piemont einen Waffenstillstand. In einem Armeebefehl rühmte er die vollbrachten Taten: *Soldaten! Ihr habt in 14 Tagen sechs Siege erfochten, 21 Fahnen, 55 Geschütze und mehrere Festungen erobert. […] Nur die republikanischen Phalangen, die Soldaten der Freiheit waren fähig, das zu ertragen, was ihr erlitten habt.*[59]

Nachdem er den Rücken frei hatte, wandte sich Napoleon wieder mit ganzer Kraft gegen die österreichische Armee, die er am 10. Mai in der berühmten Schlacht bei Lodi besiegte. Bei der Einnahme der strategisch wichtigen Brücke über die Adda stürmte er selbst voran und gewann durch seine Tapferkeit die Herzen der Soldaten. Am 15. Mai zog er an der Spitze seines Heers, begeistert begrüßt von der Bevölkerung, in Mailand ein. Die Lombardei war von der österreichischen Herrschaft befreit. Die Herzogtümer Parma, Modena und der Kirchenstaat beeilten sich, den Frieden mit Geld und Gemälden zu erkaufen.

Im Direktorium verfolgte man den Siegeszug Napoleons mit zwiespältigen Gefühlen. Auf der einen Seite sorgte der Feldherr durch eilends erhobene Kontributionen dafür, dass sich die leeren Kassen der Pariser Regierung wieder füllten; auf der anderen Seite blieb den Männern um Barras natürlich nicht verborgen, dass Napoleon durch seine alle Welt verblüffenden militärischen Erfolge ein Machtfaktor geworden war, der auch für ihre eigene Position bedrohlich werden konnte. So schlugen sie Mitte Mai 1796 vor, das Kommando über die italienische Armee zu teilen und die im Norden operierenden Verbände General François Étienne Kellermann zu unterstellen. Doch Napoleon lehnte brüsk ab – *ich hätte nichts Gutes vollbringen können, wenn ich mich mit den Anschauungen eines anderen ins Benehmen hätte setzen müssen*[60] –, und er drohte erstmals offen mit Rücktritt. Das Direktorium gab nach, und fortan handelte Bonaparte weitgehend eigenmächtig, ja sein Ehrgeiz richtete sich bereits über den italienischen Kriegsschauplatz hinaus auf neue Ziele. Nach Lodi, so hat er 1815 bekannt, sei ihm der Gedanke gekommen, *daß ich wohl auf der politischen Bühne eine ausschlaggebende Rolle spielen könnte*[61].

Doch das war vorerst Zukunftsmusik. Der italienische Feldzug war noch nicht entschieden, solange die Österreicher die starke Festung Mantua besetzt hielten. Der Kampf um diese Schlüsselstellung dauerte volle sechs Monate. Ein ums andere Mal schlug Napoleon die anrückenden österreichischen Ersatzheere: bei Castiglione (5. August), Bassano (8. September), Arcole (15.–17. November) und bei Rivoli (17. Januar). Am 2. Februar 1797 kapitulierte Mantua. Der Weg durch Tirol über die Alpenpässe nach Wien war frei.

Ende März richtete Napoleon von seinem Hauptquartier in Klagenfurt ein Schreiben an Erzherzog Karl, den Oberbefehlshaber des österreichischen Heeres, in dem er auf einen raschen Friedensschluss drängte – ein bemerkenswertes Dokument, denn der siegreiche General präsentierte sich hier erstaunlich friedfertig, ja schlug fast pazifistische Töne an. *Haben wir nicht genug Menschen getötet und der traurigen Menschheit genug Leiden zugefügt?* Er, Napoleon, würde, wenn er nur *das Leben eines einzigen Menschen retten könne, auf die Bürgerkrone, die ich mir damit verdient hätte, stolzer sein als auf den traurigen Ruhm, den man durch militärische Erfolge erwirbt*[62]. Offensichtlich brauchte die erschöpfte französische Truppe eine Ruhepause.

Auch in Wien war man inzwischen kriegsmüde. Am 18. April 1797 wurde in Leoben ein Vorfrieden vereinbart, dem sich am 18. Oktober 1797 der Friedensvertrag von Campo Formio anschloss. Österreich trat Belgien und, in einem geheimen Zusatzabkommen, fast das ganze linke Rheinufer an Frankreich ab. Außerdem verlor es die Lombardei, erhielt aber zum Ausgleich Venedig (ohne die Ionischen Inseln). Während der zähen Verhandlungen mit dem österreichischen Minister Ludwig Graf Cobenzl bediente sich Napoleon eines Mittels, das er auch später immer wieder gebrauchen sollte: Er steigerte sich in einen Wutanfall hinein, um sein Gegenüber einzuschüchtern und den eigenen Wünschen gefügig zu machen. Sein unzweifelhaft vorhandenes schauspielerisches Talent half ihm,

Napoleon Bonaparte auf der Brücke von Arcole.
Gemälde von Antoine-Jean Gros, 1796. Versailles,
Châteaux de Versailles et de Trianons

nach solchen Ausbrüchen unvermittelt in die Rolle des liebenswürdigen Gastgebers zu wechseln. Einen «Meister der Verstellung» hat ihn Martin Göhring zu Recht genannt.[63]

In den Monaten zwischen Waffenstillstand und Friedensschluss hielt sich Napoleon zumeist in Schloss Montebello bei Mailand auf. Der Parvenü hatte offensichtlich Geschmack an einer prunkvollen Hofhaltung gefunden. Umgeben von den Mitgliedern seines Clans residierte er hier wie ein souveräner Fürst. Nicht nur in den Verhandlungen mit Österreich, sondern auch bei der Neuordnung Italiens verfuhr er nach eigenem Gutdünken. Die Gründung der Cisalpinischen Republik (mit der Hauptstadt Mailand) und der Ligurischen Republik (mit der Hauptstadt Genua) – von Frankreich abhängige Vasallenstaaten – war ganz sein Werk.

Seine geheimsten Pläne enthüllte er damals dem französischen Diplomaten André François Miot de Mélito: *Glauben Sie, ich hätte in Italien nur deshalb gesiegt, um den Advokaten im Direktorium, den Barras und Carnot, zu besonderer Größe zu verhelfen? Oder glauben Sie, es geschah, um eine Republik fester zu begründen? Welcher Gedanke! Eine Republik von 30 Millionen Menschen, mit unseren Sitten, unseren Lastern! Wie wäre das möglich? Das ist eine Chimäre, in die die Franzosen selbst verrannt sind, die aber vorübergehen wird wie vieles andere. Was sie brauchen, das ist Ruhm, Befriedigung ihrer Eitelkeit; aber Freiheit? Davon verstehen sie nichts. [...] Ich möchte Italien nur verlassen, um in Frankreich eine ähnliche Rolle zu spielen wie hier; dazu ist aber der Augenblick noch nicht gekommen, die Frucht ist noch nicht reif.*[64]

Der Italienfeldzug war für den weiteren Weg Napoleons von entscheidender Bedeutung. Er sammelte hier die politischen und administrativen Erfahrungen, die ihm später als Staatsmann zustatten kamen. Vor allem aber war Italien das Erprobungsfeld für seine Fähigkeiten als Feldherr. Was er in diesen Monaten geleistet hat, gehört – so August Fournier – «zu dem Bewunderungswürdigsten der Kriegsgeschichte»[65].

Freilich war der überragende Erfolg dieses Feldzugs nicht allein seinem militärischen Genius zuzuschreiben. Er entsprach einem grundlegenden Wandel der Kriegführung, der mit der Französischen Revolution eingesetzt hatte. Den Söldnerheeren des Ancien Régime, die in geschlossenen Formationen in den Kampf geführt wurden, standen nun mobile, hochmotivierte Armeen von Wehrpflichtigen gegenüber, die überzeugt waren, die Errungenschaften der Revolution zu verteidigen.

Die Revolutionierung der Kriegführung war nicht das Werk Napoleons, aber er hat sie am konsequentesten zu nutzen verstanden. Was seine Armeen so überlegen machte, waren nicht technologische Neuerungen – auf diesem Gebiet zeigte Napoleon ein bemerkenswertes Desinteresse –, sondern war eine Kombination aus Beweglichkeit und Schnelligkeit. Dadurch gelang es ihm, große Distanzen in wenigen Tagen zu überwinden, die Gegner durch überraschende Standortwechsel zu verwirren und blitzschnell dort zu attackieren, wo sie sich am verwundbarsten zeigten. In der Kunst, die Kräfte jeweils im richtigen Augenblick auf den entscheidenden Punkt zu konzentrieren, brachte es Napoleon zu hoher Fertigkeit. *Die Grundsätze im Krieg sind dieselben wie bei der Belagerung von Festungen: Man muß sein Feuer auf einen Punkt vereinigen. Ist die Bresche geschossen, so ist das Gleichgewicht aufgehoben,* so hat er selbst einmal sein Erfolgsrezept beschrieben.[66] Und Napoleon begnügte sich nicht mit dem Sieg auf dem Schlachtfeld, sondern er setzte alles daran, die geschlagenen Kräfte des Gegners durch die Kavallerie verfolgen zu lassen, um den Sieg komplett zu machen.

Eine wichtige Rolle spielte überdies die enge Bindung zwischen Feldherr und Truppe. Napoleon verstand es, seine Soldaten anzusprechen und zu begeistern. Er bot ihnen nicht nur manche materiellen Anreize, sondern auch die Möglichkeit, sich durch besondere Tüchtigkeit auszuzeichnen und innerhalb der Armee aufzusteigen. Dass er im Gefecht selbst keine Gefahren scheute, trug ihm die Achtung seiner Männer ein. Für «le petit caporal», den «kleinen Korporal», wie sie ihn bald liebevoll nannten, waren sie bereit, auch die größten Entbehrungen in Kauf zu nehmen und ihr Leben in die Schanze zu schlagen.

Bereits während des Italienfeldzugs erwies sich Bonaparte auch als ein Meister der Propaganda, dem die Bedeutung der psychologischen Kriegführung in hohem Maße bewusst war.

Er gründete zwei Zeitungen: «Le Courrier de l'armée d'Italie ou Le Patriote français à Milan» und «La France vue par l'armée d'Italie» – Blätter, die nicht nur die Soldaten über die neuesten Ereignisse auf dem Laufenden halten, sondern auch die öffentliche Meinung in Frankreich beeinflussen, das heißt vor allem die Popularität des siegreichen Feldherrn steigern sollten. «Er fliegt wie der Blitz und schlägt zu wie der Donner. Er ist überall und sieht alles», hieß es zum Beispiel in einer Ausgabe des «Courrier» vom Oktober 1796.[67]

Und noch ein weiteres Leitthema seiner späteren Herrschaft wurde damals bereits angeschlagen: die Dialektik von Befreiung und Eroberung. Zu Beginn seines Feldzugs hatte Napoleon den Völkern Italiens versprochen: *Die französische Armee ist gekommen, um Eure Ketten zu brechen! Das französische Volk ist der Freund aller Völker!*[68] Im Verlauf der Operationen wurde die Befreiungsrhetorik durch die Wirklichkeit der französischen Besatzung selbst dementiert. Zwar wurde auch in den eroberten Gebieten das Ancien Régime beseitigt, doch die hohen Kontributionen und der Raub von Kunstschätzen sorgten für viel Missstimmung. Napoleons Prinzip, dass der Krieg den Krieg ernähren, also seine Armee das für ihren Unterhalt Benötigte aus dem Land selbst besorgen müsse, trug ebenfalls nicht dazu bei, die französische Besatzung populärer zu machen.

Zähneknirschend hatte das Direktorium die Eigenmächtigkeiten Napoleons hingenommen. Barras und seine Anhänger konnten ihn, auch im innenpolitischen Machtkampf, nicht entbehren. Im Auftrag Napoleons leistete General Augereau am 18. Fructidor (4. September) 1797 in Paris Unterstützung, als es darum ging, die wieder erstarkte royalistische Opposition auszuschalten und Barras' Gegenspieler im Direktorium festzusetzen. Ende Oktober 1797, nach Unterzeichnung des Vertrags von Campo Formio, wurde Napoleon zum Oberkommandierenden General der England-Armee ernannt, die an der Kanalküste stationiert war. Offenbar sah das neu formierte Direktorium darin die beste Lösung, um einerseits von der Popularität Napoleons zu profitieren und ihn andererseits auf Distanz zu halten.

Zunächst allerdings bereitete man dem Rückkehrer im Dezember einen triumphalen Empfang. Das Institut de France wählte ihn zu seinem Mitglied – für einen Militär eine ungewöhnliche Auszeichnung. Napoleon gab sich bescheiden, trat mit größter Zurückhaltung in der Öffentlichkeit auf. Er wusste, dass es für einen Griff zur Macht noch zu früh war. Andererseits war ihm klar, dass seine Kriegslorbeeren rasch verwelken würden, wenn er über längere Zeit untätig blieb. Als Emporkömmling, dessen Aufstieg von vielen Neidern begleitet wurde, musste er darauf bedacht sein, *seinen Ruhm warm zu halten*, wie er sagte.[69] Und war eine Invasion Englands, des einzig verbliebenen Kriegsgegners, nicht das geeignete Mittel?

Im Februar 1798 reiste Napoleon an die Kanalküste, um die Chancen einer Landungsoperation zu erkunden. Rasch überzeugte er sich, dass das Risiko angesichts der englischen Überlegenheit zur See extrem hoch war, und er, würde er sich darauf einlassen, Gefahr lief, seinen Ruf als militärische Ausnahmeerscheinung zu verspielen. Stattdessen unterbreitete er dem Direktorium nun einen kühnen Alternativplan: eine Expedition nach Ägypten.

Die Idee war keineswegs so abenteuerlich, wie es zunächst scheinen mochte. Sie lag gewissermaßen in der Luft. Nicht wenige französische Politiker und Publizisten hatten im Laufe des 18. Jahrhunderts davon geträumt, sich des Landes am Nil zu bemächtigen.[70] Eine alte Orient-Sehnsucht verband sich mit dem Wunsch, Ersatz für die verloren gegangenen amerikanischen Kolonien zu schaffen. Dass man an diesem Punkt Englands Weltmachtposition am besten treffen könne, weil hier der Schlüssel für den Landweg nach Indien lag – diese Überzeugung teilte Napoleon mit vielen Zeitgenossen. Und er war fasziniert vom Orient: *Der Orient ist das Geburtsland jedes großen Ruhmes. [...] Ein Sterblicher kann dort zum Gott werden*, hatte er bereits 1795 geschrieben.[71]

Am 19. Mai 1798 lichtete die französische Flotte vor Toulon die Anker. An Bord befanden sich neben den 38 000 Soldaten des Expeditionskorps auch 200 Wissenschaftler und Künstler, darunter der Mathematiker Monge, mit dem Napoleon

Die Schlacht bei den Pyramiden. Gemälde von Louis François Lejeune, 1806. Versailles, Châteaux de Versailles et de Trianons

während der Überfahrt lange Gespräche führte. Das Unternehmen war ein Wagnis, denn Admiral Nelson hatte davon Wind bekommen; es hätte nicht viel gefehlt, und die englische Flotte hätte der französischen Expedition ein vorzeitiges Ende bereitet. «Des Teufels Kinder haben des Teufels Glück», schrieb Nelson, nachdem ihm Napoleons Armada entschlüpft war.[72]

Nachdem sie die Insel Malta in ihren Besitz gebracht hatten, landeten die Franzosen am 1. Juli 1798 vor Alexandria. Von Anfang an taten sich unerwartete Schwierigkeiten auf. Zwar konnte die Festung der Hafenstadt rasch eingenommen werden, doch der Marsch durch die Wüste in Richtung Kairo war für das französische Heer außerordentlich beschwerlich. Napoleon hatte die widrigen klimatischen Bedingungen nicht bedacht – ein Fehler, der ihm auch noch bei späteren Feldzügen unterlaufen sollte. Der Traum vom Paradies am Nil verwandelte sich angesichts von Hunger, Hitze und Durst bald in einen Albtraum. Am 21. Juli besiegten die Franzosen die Reiterheere der Mamelucken, der Beherrscher Ägyptens, am Fuße der Pyramiden. Hier will Napoleon jenen berühmten Satz gesagt ha-

ben: *Soldaten! Bedenkt, daß von der Höhe dieser Pyramiden vier Jahrtausende auf euch herabsehen!*[73]

Am 23. Juli zog Bonaparte in Kairo ein. Wenige Tage später, am 1. August, vernichtete Admiral Nelson die französische Flotte in der Bucht von Abukir. Damit war das Ägypten-Unternehmen im Grunde gescheitert, denn nun war das französische Expeditionskorps vom Mutterland abgeschnitten; England aber war unumschränkter Beherrscher des Mittelmeers und seine Macht in Indien nicht geschwächt, sondern gestärkt.

Napoleon tat alles, um die Sympathien der einheimischen Bevölkerung zu gewinnen. Er gab sich als Bewunderer des Islam, reorganisierte Verwaltung und Gesetzgebung, förderte Wirtschaft und Verkehr und gründete das Institut d'Égypte, dessen Arbeiten den Grundstock legten für ein neues wissenschaftliches Fach, die Ägyptologie. Dennoch: In den Augen der Fellachen, Kaufleute und muselmanischen Notabeln waren die Franzosen in erster Linie fremde Eroberer, gegen die man sich zur Wehr setzen musste. Im Oktober 1798 brach in Kairo ein Aufstand aus, den Napoleon blutig niederschlagen ließ.

Jede Nacht, erklärte er, würden 30 Gefangene geköpft, um die Bevölkerung von einer Wiederholung abzuschrecken.[74]

Im September hatte das Osmanische Reich, das die Oberhoheit über Ägypten ausübte, Frankreich den Krieg erklärt. Auf die Nachricht, dass eine türkische Armee über Syrien in Anmarsch sei, entschloss sich Napoleon Anfang Februar 1799, ihr mit 15 000 Mann entgegenzuziehen. Doch dieser Zug nach Syrien endete in einem Desaster. Zunächst nahmen die Franzosen Gaza, danach Jaffa ein (wobei über 2000 Gefangene niedergemetzelt wurden); aber am hartnäckigen Widerstand der Festung von Akkon scheiterte der Feldzug. Die durch Krankheiten dezimierten französischen Truppen mussten den Rückzug durch die Wüste antreten; nicht einmal 10 000 Mann kehrten nach Kairo zurück. Bei Abukir errang Napoleon am 25. Juli 1799 noch einmal einen glänzenden Sieg über eine türkische Armee, doch zu diesem Zeitpunkt hatte er sich bereits dazu durchgerungen, die Expedition abzubrechen und nach Frankreich zurückzukehren.

Denn auch hier hatten die Dinge inzwischen eine ungünstige Wendung genommen. Der Krieg auf dem Kontinent war wieder aufgeflammt, die Republik sah sich seit März 1799 einer Koalition aus England, Österreich und Russland gegenüber, die den französischen Armeen eine Niederlage nach der anderen bereitete. Zugleich hatte sich die innere Lage Frankreichs weiter verschlechtert; das Land bewegte sich am Rande des Staatsbankrotts, das Direktorium hatte erkennbar abgewirtschaftet.

In dieser Situation hielt es Napoleon nicht länger in Ägypten. Am 22. August 1799 übergab er das Kommando an General Jean Baptiste Kléber; tags darauf segelte er mit kleinem Gefolge von Alexandria ab. Am 9. Oktober betrat er bei Fréjus wieder französischen Boden. Wo immer der General auf seinem Wege nach Paris Station machte, bereitete man ihm Ovationen. «Eine ungeheure Menschenmenge erwartete ihn», wurde aus Avignon berichtet. «Als sie den Helden sah, überschlug sich die Begeisterung, die Luft hallte wider von Beifallsrufen und vom Schrei ‹Vive Bonaparte›.»[75] Offenbar hatte der Fehlschlag in

Ägypten seinem Nimbus keinen Abbruch getan. Viele Franzosen verbanden mit seiner Rückkehr die Hoffnung, er werde endlich für Ordnung sorgen und dem erschöpften Land den ersehnten Frieden bringen. Die Napoleon-Legende machte daraus den Mythos vom Retter, den das Schicksal dazu ausersehen habe, Frankreich zu neuer nationaler Größe zu führen.[76]

Vermutlich dachte Napoleon, als er am 16. Oktober 1799 in der Villa Joséphines in der Rue de la Victoire abstieg, nicht an einen unmittelbar bevorstehenden Umsturz. Dass die Stimmung äußerst kritisch war und das Direktorium kaum noch politischen Rückhalt besaß, blieb ihm freilich nicht verborgen. Vorsichtig sondierte er das Terrain, jeden Anschein vermeidend, als wolle er selbst zur Macht greifen. *In keinem Abschnitte meines Lebens habe ich größere Schmiegsamkeit nötig gehabt*, erzählte er einige Jahre später einer Vertrauten.[77]

Aber mit wem sollte er zusammengehen? Barras, sein mächtiger Förderer von einst, war nur noch ein Schatten seiner selbst. Anders verhielt es sich mit Emmanuel Joseph Sièyes, dem Verfasser des berühmten, am Vorabend der Revolution veröffentlichten Manifests «Was ist der Dritte Stand?», der im Mai 1799 als neuer starker Mann in das Direktorium gewählt worden war. Der Abbé wollte die Verfassung von 1795, die sich in seinen Augen nicht bewährt hatte, außer Kraft setzen und die Exekutive stärken. Dabei war er sich bewusst, dass er einen Staatsstreich ohne Unterstützung der Armee nicht würde wagen können. Die aber versprach ihm der General Bonaparte, dessen Popu-

Emmanuel Joseph Sièyes (1748, Fréjus – 1836, Paris). Der Sohn eines Urkundenprüfers und Absolvent des Priesterseminars machte sich mit seiner Schrift «Was ist der Dritte Stand?» von Anfang 1789 einen Namen. Er wurde als Vertreter des Dritten Stands in die Generalstände gewählt, redigierte den berühmten Ballhausschwur und beteiligte sich nach dem Bastillesturm an der Ausarbeitung einer Verfassung. Zwar stimmte er für die Hinrichtung Ludwigs XVI., doch hielt er sich während der Jakobinerherrschaft zurück. Unter dem Direktorium war er unter anderem als Sondergesandter in Berlin tätig. Gemeinsam mit Napoleon organisierte er den Staatsstreich vom 18. Brumaire 1799, wurde aber nach dessen Gelingen bald politisch ausgebootet. Während der Bourbonenrestauration nach 1815 wurde er als «Königsmörder» verbannt. Erst 1830 kehrte er aus dem Brüsseler Exil zurück.

larität unter den bewaffneten Kräften in der Hauptstadt ungebrochen war. Napoleon wiederum glaubte sich der Erfahrung und des taktischen Geschicks des prominenten Politikers versichern zu müssen, um an sein Ziel zu gelangen.

Anfang November 1799 wurde das Zweckbündnis geschmiedet und der bevorstehende Coup in allen Details besprochen. Unter dem Vorwand, einem angeblich drohenden jakobinischen Komplott zuvorzukommen, sollte das Direktorium matt gesetzt und die beiden Kammern, der Rat der Fünfhundert und der Rat der Alten, in die Nähe von Paris, nach Saint-Cloud, verlegt werden. Dort, unter dem «Schutz» der von Napoleon befehligten Truppen, wollte man die Abgeordneten dazu bringen, eine neue provisorische Exekutive in Gestalt von drei Konsuln zu bestimmen.[78]

Zunächst lief alles nach Plan. Am 18. Brumaire (9. November) stimmten beide Kammern ihrer Verlegung nach Saint-Cloud zu; Sièyes und sein Kollege Roger Ducos traten aus dem Direktorium aus; Barras, durch ein üppiges Geldgeschenk abgefunden, erklärte seinen Rücktritt, die beiden anderen Direktoren wurden unter Hausarrest gestellt. In einer Rede vor Soldaten im Garten der Tuilerien rechnete Napoleon mit den bisherigen Machthabern ab: *Was habt ihr aus diesem Frankreich gemacht, das ich euch so glänzend hinterließ! Ich hinterließ euch Siege und sehe die Feinde in unserem Land. […] Ich hinterließ euch die Millionen aus Italien und finde überall Elend und räuberische Gesetze. So kann es nicht weitergehen. […] Es wird Zeit, daß man denjenigen, die das Vaterland verteidigen, das Vertrauen schenkt, das sie verdienen.*[79]

Dennoch wäre der Staatsstreich tags darauf fast noch gescheitert. Zwar versammelten sich die beiden Kammern, wie vorgesehen, am Mittag des 19. Brumaire im Schloss von Saint-

Der Staatsstreich vom 18./19. Brumaire (9./10. November 1799). Farbkupferstich nach Francisco Vieira. Paris, Bibliothèque Nationale

Cloud. Doch vielen Abgeordneten waren inzwischen, zumal angesichts der massiven Truppenpräsenz, Zweifel gekommen, ob denn alles mit rechten Dingen zuginge. Die Debatten zogen sich in die Länge. Endlich riss Napoleon der Geduldsfaden. Er eilte in den Rat der Alten und hielt hier eine konfuse Rede, welche die Deputierten erst recht gegen ihn aufbrachte. «Ich sah, welchen schlechten Eindruck dieses Geschwätz auf die Versammlung machte», erinnerte sich ein Begleiter, «da sagte ich leise zu ihm: ‹Gehen Sie, General, Sie wissen nicht mehr, was Sie sagen›, und ich zog ihn sanft am Ärmel.»[80] Nach diesem missglückten Auftritt begab sich Napoleon stracks in den Rat der Fünfhundert. Hier empfing man ihn mit dem Ruf «À bas le tyran!» («Nieder mit dem Tyrannen!»). Die Deputierten umringten ihn, packten ihn am Kragen und stießen ihn hin und her. Totenbleich, einer Ohnmacht nahe, wich Napoleon zurück. Grenadiere sprangen ihm zur Seite und schleppten ihn aus dem Saal.[81]

Kein anderer rettete die Situation als Lucien Bonaparte, der Präsident im Rat der Fünfhundert. Geistesgegenwärtig unterbrach er die Sitzung und verhinderte so die Abstimmung über die Ächtung seines Bruders. Danach begab er sich in den Schlosshof und verbreitete unter der dort ausharrenden Garde die Mär, ein Häuflein radikaler Abgeordneter habe Napoleon nach dem Leben getrachtet. Ein Trommelwirbel, ein kurzer Befehl – und in wenigen Minuten waren das Schloss vom Militär besetzt und die Versammlung auseinander gejagt. Noch am Abend beschloss ein Rumpfparlament aus etwa 150 Abgeordneten, die man in der Umgebung von Saint-Cloud aufgesammelt hatte, die Bildung einer provisorischen Exekutive, bestehend aus den drei Konsuln Bonaparte, Sièyes und Roger Ducos. Das Triumvirat sollte, unterstützt von zwei Kommissionen, eine neue Verfassung ausarbeiten.

Am Ende hatte doch die Armee eingreifen müssen, um den Erfolg des Staatsstreichs sicherzustellen. Daraus zog ironischerweise gerade der Mann Nutzen, der durch sein klägliches Versagen in Saint-Cloud das Unternehmen fast zum Scheitern gebracht hatte: Napoleon Bonaparte. Von der Revolution emporgetragen, machte er sich nun daran, sie zu beerben. In den radikalen Faubourgs von Paris blieb es ruhig; seit der blutigen Niederwerfung der letzten Revolten im Frühjahr 1795 war hier der revolutionäre Elan gebrochen. In den bürgerlichen Vierteln herrschte Erleichterung über den unblutigen Ausgang des Staatsstreichs. «Jede der früheren Revolutionen», berichtete der preußische Gesandte Sandoz-Rollin, «hat Mißtrauen und Furcht eingeflößt. Diese hingegen […] hat die Geister aufgerichtet und die lebhaftesten Hoffnungen erweckt.»[82] Nach all den Aufregungen der vergangenen Dekade schien nun eine Periode innerer Beruhigung angebrochen.

Vom Konsul zum Kaiser

Bürger! Die Revolution ist zu den Grundsätzen zurückgekehrt, von denen sie ausging; sie ist zu Ende.[83] Mit diesen Worten wandte sich Napoleon am 15. Dezember 1799 an die französische Nation. In den wenigen Wochen, die zwischen dem Staatsstreich vom 18./19. Brumaire und dieser Proklamation lagen, hatte der Bürgergeneral seine beiden Kollegen Sièyes und Roger Ducos an die Wand gespielt und sich selbst den Löwenanteil an der Macht gesichert. Die neue Verfassung vom 25. Dezember 1799 war ganz auf seine Bedürfnisse zugeschnitten. *Eine Verfassung muß so gemacht sein, daß sie die Handlungsweise der Regierung nicht stört und sie nicht zwingt, sie zu verletzen,* lautete sein Credo.[84]

An der Spitze des Staates stand nun ein auf zehn Jahre gewählter Erster Konsul – nämlich Bonaparte –, der mit weitgehenden Vollmachten ausgestattet wurde. Bei ihm lag die Gesetzesinitiative. Er allein ernannte die Minister, Gesandten, Verwaltungsbeamten, ebenso die Mitglieder des Staatsrats, der die Gesetzesvorhaben der Regierung ausarbeitete und durch Verordnungen ergänzte. Die beiden neuen Mitkonsuln – der Jurist Jean Jacques Cambacérès und der Finanzsachverständige Charles François Lebrun – hatten lediglich beratende Funktion.

«Was bringt uns die Verfassung? – Bonaparte.»[85] Dieses Bonmot machte im Dezember 1799 in Paris die Runde, und es traf die Wirklichkeit. Zwar wurde das allgemeine Wahlrecht (für Bürger über 21 Jahre) wieder eingeführt, doch wurde es durch den indirekten und mehrstufigen Wahlmodus weitgehend entwertet. Die Legislative bestand aus zwei Kammern: dem Tribunat (mit 100 Mitgliedern) und der Gesetzgebenden Körperschaft, dem ‹corps législatif› (mit 300 Mitgliedern). Die erste durfte über die Gesetzesvorschläge der Regierung nur beraten, aber nicht abstimmen; die zweite nur abstimmen, aber nicht beraten – eine merkwürdig künstliche Konstruktion, deren einziger Sinn darin bestand, die Mitwirkungs- und Kontrollmöglichkeiten der Kammern auf ein Minimum zu beschränken. Ernannt wurden die Mitglieder von Tribunat und Gesetzgebender Körperschaft vom Senat – einem Gremium von 60 auf Lebenszeit ernannten Männern, die mindestens 40 Jahre alt sein mussten und sich durch Kooptation ergänzten, wobei der Erste Konsul ein entscheidendes Wort mitzureden hatte.

Im Kern etablierte die Konsularverfassung «eine pseudo-demokratisch verbrämte Diktatur Bonapartes»[86]. Allerdings war Napoleon weiterhin darauf bedacht, sich der Unterstützung der Bevölkerung zu vergewissern. Zu diesem Zweck wurde ein Plebiszit über die Verfassung anberaumt, das, wie die Dinge lagen, zu einer Abstimmung über die Person Bonapartes werden musste. Das amtliche Ergebnis wurde Anfang Februar 1800 bekannt gegeben: Von insgesamt 5 Millionen Wählern hatten 3 011 117 mit Ja und 1562 mit Nein gestimmt. Dieser scheinbar imponierende Vertrauensbeweis war jedoch, wie neuere Forschungen ergeben haben, manipuliert, denn Napoleons Bruder Lucien, der nun den Posten des Innenministers bekleidete, hatte die Zahl der abgegebenen Ja-Stimmen um 900 000 aufgerundet und einfach noch eine halbe Million Stimmen aus der Armee dazugezählt, die aber gar nicht befragt worden war.[87] Die hohe Zahl von Enthaltungen verweist darauf, dass von einer begeisterten Zustimmung zum neuen Regime noch keine Rede sein konnte. Die Mehrheit der Franzosen verhielt sich offenbar zunächst abwartend – in der Hoffnung, der neue Mann werde ihnen das bringen, was sie am meisten ersehnten: den inneren und äußeren Frieden.

Napoleon sollte die Erwartungen, die auf ihn gesetzt wurden, nicht enttäuschen. In den ersten beiden Konsulatsjahren wuchs ihm eine charismatische Autorität zu, die zum entscheidenden Faktor im komplizierten Kräftespiel des nachrevolutionären Frankreich wurde.[88] Angetrieben von rastloser Energie und einer schier unerschöpflichen Arbeitskraft, setzte der Erste Konsul ein bedeutendes Reformwerk in Gang. Dazu zählte als Erstes die Reorganisation der Verwaltung. Die Unter-

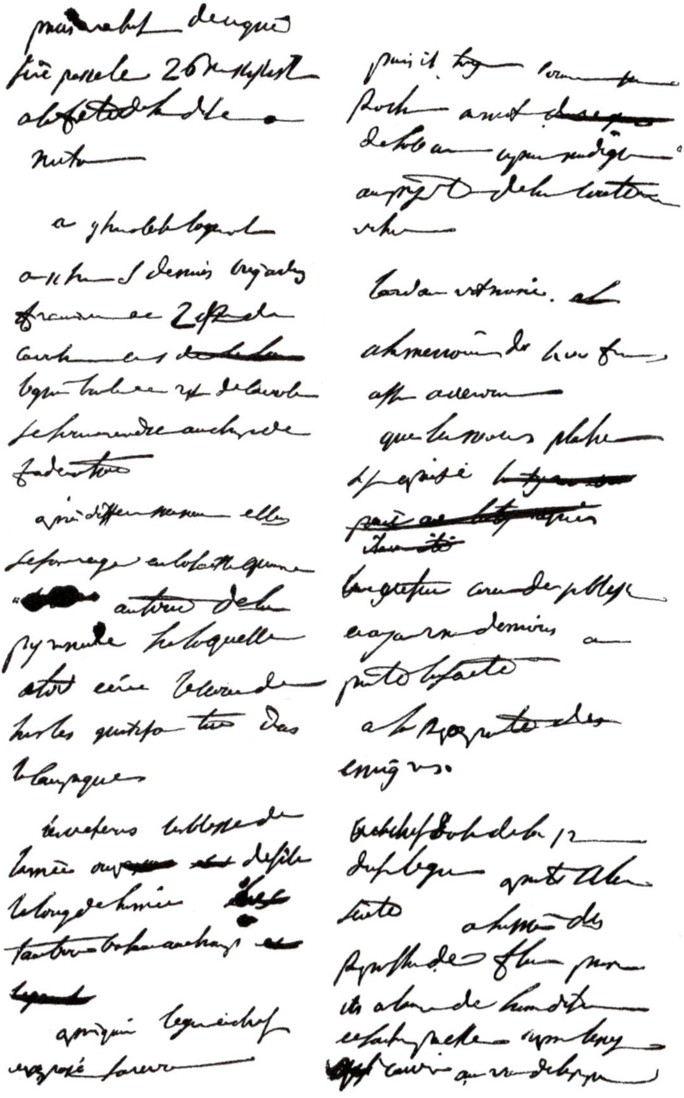

Die Handschrift Napoleons

teilung des Landes in Departements, Arrondissements und Kommunen wurde beibehalten; an die Spitze eines jeden Departements trat ein Präfekt, dem auf der Ebene der Arrondissements ein Unterpräfekt (sous-préfet) und der Gemeinde der Bürgermeister (maire) entsprachen. Die Auswahl der Präfekten nahm Napoleon in der Regel selbst vor, nicht zuletzt um diesen wichtigen Posten mit Männern seines Vertrauens zu besetzen. Damit war die Verwaltung einem streng zentralistischen Zugriff unterworfen, welcher der Pariser Exekutive gestattete, ihre Entschlüsse rasch in der Provinz und den Gemeinden umzusetzen.

Wichtiger noch als die Verwaltungsreform war die Sanierung der Finanzen; ohne sie war an eine Stabilisierung des Regimes nicht zu denken. Das Direktorium hatte einen riesigen Schuldenberg hinterlassen. Assistiert vom tüchtigen Finanzminister Martin Michel Gaudin unternahm Napoleon große Anstrengungen, um die Einnahmen zu erhöhen und die Staatskasse wieder aufzufüllen. Zu diesem Zweck wurde auch das Steuerwesen zentralisiert. In jedem Departement wurde eine Steuerdirektion mit Inspektoren und Kontrolleuren eingerichtet, welche die Abgaben festlegten und das Geld von säumigen Zahlern eintrieben. Binnen kurzem verbesserte sich die finanzielle Lage, und bereits 1802 konnte Napoleon einen ausgeglichenen Haushalt vorlegen.

Für Vertrauen in die Solidität des Finanzsystems sorgte auch die Gründung der Bank von Frankreich im Frühjahr 1800 – ein Privatunternehmen, das den Geldverkehr erleichtern und Kredite zur Verfügung stellen sollte. Im April 1803 erhielt sie das Monopol für die Ausgabe von Banknoten. Bereits einen Monat zuvor hatte Napoleon per Gesetz eine neue Währung geschaffen – den Franc mit fünf Gramm Silbergehalt (‹franc germinal›), der bis 1914 seinen Wert behielt.

In überraschend kurzer Zeit kehrte Frankreich zu geordneten Wirtschaftsverhältnissen zurück. Es regte sich neuer Unternehmungsgeist. Die Regierung trug ihrerseits zur Belebung bei, indem sie viel Geld in den Aufbau einer modernen Infrastruktur investierte. Straßen und Kanäle wurden gebaut,

Brücken errichtet und öffentliche Gebäude renoviert. Viele Menschen fanden so neue Beschäftigung; die Arbeitslosigkeit ging zurück. Und der Erste Konsul kümmerte sich nicht nur um die Förderung der Industrie, sondern sorgte auch dafür, dass Getreide- und Mehlpreise stabil blieben. Die Erfahrungen der Französischen Revolution hatten ihn gelehrt, dass kein Thema so viel sozialen Zündstoff in sich barg wie die Brotfrage. Hier müsse man, war er überzeugt, *stets die Proletarier gegenüber den Proprietären begünstigen*[89].

> Ich fürchte Aufstände, die aus einem Mangel an Brot ausbrechen; ich habe weniger Angst vor einer Schlacht gegen zweihunderttausend Mann.
> Napoleon

Im Inneren steuerte Napoleon einen Kurs der nationalen Versöhnung. Er bediente sich dabei einer charakteristischen Kombination aus Lockung und Drohung. Wer mitarbeiten wollte, der war willkommen, gleich ob er eine royalistische oder jakobinische Vergangenheit hatte. Wer sich verweigerte oder gegen Napoleon arbeitete, der musste mit Sanktionen rechnen. Auf diese Weise gelang es dem Ersten Konsul, den Bürgerkrieg in der Vendée, den das Direktorium nicht hatte löschen können, in relativ kurzer Zeit zu beenden. Gegen jene Aufständischen, die sich nicht unterwarfen, gingen die Regierungstruppen mit drakonischer Härte vor, und ebenso unnachsichtig ließ Napoleon die Banden verfolgen, die Frankreichs Süden unsicher machten. Gleichzeitig strebte er eine Verständigung mit den Angehörigen der vorrevolutionären Führungsschicht an, die das Land in großer Zahl verlassen hatten. Im Oktober 1800 wurden 52 000 Namen von der Liste der Emigranten gestrichen. Zahlreiche Adlige und Geistliche kehrten daraufhin nach Frankreich zurück.

Wie alle Autokraten duldete auch Napoleon keine organisierte Opposition. Seine politischen Widersacher im Tribunat, die sich anfangs noch lautstark zu Wort gemeldet hatten, wurden nach und nach entfernt. Gleich zu Beginn seines Konsulats, am 17. Januar 1800, ließ er überdies 60 der 73 in Paris erscheinenden politischen Blätter verbieten. «Die Zeitungen waren schon immer die Alarmglocken der Revolution; die künden sie an, bereiten sie vor und machen sie schließlich not-

Joseph Fouché. Zeitgenössisches Gemälde von Claude Marie Dubufe. Versailles, Châteaux de Versailles et de Trianons

wendig», rechtfertigte Napoleons gefürchteter Polizeiminister Joseph Fouché die Maßnahme.[90] Der ehemalige Jakobiner, der die Seiten gewechselt hatte, überwachte nicht nur die Presse, sondern baute auch ein umfassendes Spitzelnetz auf, mit dessen Hilfe er Freund und Feind ausspionieren ließ. Napoleon war, obwohl er den Mann verabscheute, doch auf seine Dienste angewiesen. Deshalb holte er ihn, nachdem Fouché 1802 vorübergehend in Ungnade gefallen war, schon zwei Jahre später wieder zurück.[91]

Von einer inneren Befriedung war Frankreich zu Beginn der Konsulatsherrschaft freilich noch weit entfernt. In Kreisen der Jakobiner war man empört über die Unterdrückung der Pressefreiheit und die sich immer deutlicher abzeichnenden Alleinherrschaftsansprüche Napoleons. Und die Überzeugtesten unter den Royalisten hatten bald einsehen müssen, dass ihre Hoffnung, Bonaparte werde einer monarchischen Restauration unter den Bourbonen den Weg bereiten, trügerisch war. Als der im Exil weilende Ludwig XVIII., ein Bruder des guillotinierten Ludwigs XVI., sich mit entsprechenden Avancen an Napoleon wandte, erhielt er eine kategorische Absage: *Sie sollten sich nicht wünschen, nach Paris zurückzukehren. Sie müßten über Hunderttausende von Leichen gehen.*[92]

Am Abend des 24. Dezember 1800 explodierte in der Rue Saint-Nicaise eine «Höllenmaschine». Sie verfehlte den Wagen des Ersten Konsuls nur knapp, aber es gab viele Tote und Verletzte – für Napoleon eine willkommene Gelegenheit, ein Exempel zu statuieren. *Es muß Blut fließen*, erklärte er im Staatsrat.[93] Obwohl, wie sich herausstellte, der Anschlag von Royalisten verübt worden war, machte der Erste Konsul die Jakobiner verantwortlich. Einige ihrer führenden Vertreter wurden hingerichtet, weitere 130 in überseeische Gebiete deportiert, wo die meisten elendig umkamen.

Napoleon erkannte, dass er die Royalisten am wirkungsvollsten treffen konnte, wenn er ihnen ihre wichtigste Stütze, den katholischen Klerus, nahm. Deshalb strebte er einen Ausgleich mit der römischen Kirche an. Er selbst war in Glaubensdingen eher indifferent, aber er wusste um die Bedeutung der Religion für die Aufrechterhaltung der gesellschaftlichen Ordnung. *Die Gesellschaft kann nicht existieren ohne Vermögensunterschiede, und die Vermögensungleichheit kann nicht ohne Religion existieren*, erklärte er gegenüber Staatsrat Paul Louis Roederer. *Wenn ein Mensch Hungers stirbt neben einem anderen, der im Überfluß lebt, so ist es ihm unmöglich, diesem Unterschied beizustimmen, wenn es nicht eine Autorität gibt, die ihm sagt: Gott will es so.*[94] Nach zähen Ver-

Joseph Fouché (1759, Nantes – 1820, Triest) gilt zu Recht als einer der intrigantesten und skupellosesten Politiker in der Ära der Französischen Revolution. Von einem Anhänger der Girondisten wandelte er sich zu einem radikalen Jakobiner. In deren Auftrag übte er in Lyon 1793 eine Schreckensherrschaft aus. Aus Lyon zurückberufen, beteiligte er sich am Sturz Robespierres am 9. Thermidor 1794. Ebenso unterstützte er als Polizeiminister den Staatsstreich vom 18. Brumaire 1799. Auch Napoleon konnte auf seine Schnüffeldienste nicht verzichten. 1808 erhob er ihn in den Grafenstand. Erst 1810 trennte er sich von dem illoyalen Minister, um ihn während der «Hundert Tage» noch einmal zurückzurufen. Ludwig XVIII. beließ Fouché zunächst auf seinem Posten. Erst 1816 musste er ins Exil gehen.

handlungen mit Papst Pius VII. wurde am 15. Juli 1801 das Konkordat geschlossen. Es war für beide Seiten vorteilhaft: Der Katholizismus wurde zwar nicht mehr als Staatsreligion, wohl aber als «Religion der Mehrzahl der Franzosen» anerkannt. Der Klerus verzichtete auf die Rückforderung der enteigneten Kirchengüter; umgekehrt verpflichtete sich die Regierung, Bischöfe und Priester angemessen zu besolden. Der Erste Konsul behielt sich das Recht vor, die Bischöfe zu ernennen; der Papst verlieh ihnen die kanonische Weihe. Am 18. April 1802 wurde mit einem Tedeum in der Kathedrale Notre-Dame die Versöhnung zwischen Staat und Kirche gefeiert.

Auch in seiner Außenpolitik gab sich der Erste Konsul zunächst überraschend friedfertig. An die englische und österreichische Adresse richtete er am 25. Dezember 1799 Briefe, in denen er seinem Wunsch nach Beendigung des zweiten Koalitionskriegs lebhaft Ausdruck gab: *Soll denn der Krieg, der seit acht Jahren die vier Weltteile verwüstet, ewig währen? Gibt es denn kein Mittel, sich zu verständigen?* [95] Doch das war nichts weiter als ein geschickter Propagandazug, der die andere Seite ins Unrecht setzen sollte. Denn auch Napoleon war überzeugt, dass der Krieg ohne einen neuen Waffengang nicht beendet werden dürfe. Und wie im Jahre 1796 glaubte er Österreich am besten in Oberitalien schlagen zu können. Im April 1800 wurde im Wallis eine Reservearmee zusammengezogen. Mit ihr riskierte Napoleon Mitte Mai, was vordem nur der karthagische Feldherr Hannibal gewagt hatte: den Übergang über den Großen Sankt Bernhard. *Wir kämpfen gegen Eis, Schnee, Unwetter und Lawinen*, schrieb er mit dürren Worten an seine Mitkonsuln in Paris. [96] Nach großen Strapazen erreichten die Truppen die Poebene und zogen am 2. Juni in Mailand ein.

Dann aber machte Napoleon einen schweren strategischen Fehler: Auf der Suche nach den Österreichern, deren Spur die Vorhut verloren hatte, zog er seine Armeen weit auseinander. In den Morgenstunden des 14. Juni stieß seine stark geschwächte Streitmacht bei Marengo auf die weit überlegenen österreichischen Kräfte unter General Michel Friedrich Melas. Am Nachmittag schien der Kampf verloren; die französischen Truppen befanden sich in vollem Rückzug. Melas verließ in der sicheren Annahme, er habe gesiegt, das Schlachtfeld und schickte die Triumphbotschaft nach Wien. Doch gegen Abend wendete sich das Blatt, als General Louis Charles Desaix mit seinem Korps eintraf – gerade noch rechtzeitig, um die Niederlage in einen Sieg zu verwandeln. Dass Desaix im Kampf fiel, war für den Ersten Konsul ein weiterer Glücksfall, denn nun konnte er in seinem Bulletin das Verdienst am Sieg auf die eigene Fahne schreiben.

Bei einer Niederlage hätte Bonapartes Laufbahn vermutlich ein vorzeitiges Ende gefunden. Selbst seine engsten Mitarbeiter in Paris, unter ihnen der wendige Außenminister Talleyrand, hatten für diesen Fall bereits Pläne über die Nachfolge geschmiedet – ein Indiz dafür, wie wenig gefestigt Napoleons Macht zu diesem Zeitpunkt noch war.

Charles Maurice de Talleyrand. Kolorierter Lichtdruck nach einem Gemälde, 1808, von François Pascal Simon Gérard

Nun aber kehrte er Anfang Juli 1800 als Sieger nach Paris zurück, nicht strahlend, sondern misstrauischer und schweigsamer denn je, waren ihm doch die Intrigen hinter seinem Rücken zu Ohren gekommen. Der Emporkömmling, den Glück und Geschick nach oben getragen hatten, war, das wusste er, zum Erfolg verdammt. Blieb der aus, war seine charismatische, auf plebiszitäre Zustimmung angewiesene Stellung unmittelbar bedroht. Die ständige Unsicherheit, die aus dieser Konstellation erwuchs, war eine wichtige Antriebskraft seines Handelns. Zugleich sorgte er sich bereits um seinen Ruhm in der Nachwelt. *Wenn ich morgen stürbe*, bekannte er seinem Sekretär Bourrienne auf der Rückreise von Mailand nach Paris, *würde mir die Weltgeschichte nach tausend Jahren noch keine halbe Seite widmen.*[97]

Den endgültigen Sieg über die Österreicher stellte erst General Jean Victor Moreau, der Befehlshaber der französischen Rheinarmee, in der Schlacht von Hohenlinden am 3. Dezember 1800 sicher. Am 9. Februar 1801 wurde in Lunéville der Friedensvertrag unterzeichnet. Er bestätigte im Wesentlichen die Ergebnisse von Campo Formio: Belgien und das linke Rheinufer fielen an Frankreich. Die deutschen Fürsten sollten für die Verluste mit Gebieten rechts des Rheins entschädigt werden. Österreich musste neben der Batavischen und Helvetischen auch die Cisalpinische Republik anerkennen, das heißt, den Franzosen den Vortritt in Oberitalien lassen.

Nach Lunéville war Frankreich die erste Macht auf dem Kontinent. Nur England bot ihm noch die Stirn. Russland befand sich zwar noch formell im Krieg, doch zeigte es sich unter Paul I., einem Bewunderer Napoleons, geneigt, die Koalition mit England zu verlassen. Im Dezember 1800 ließ Napoleon dem Zaren als seinen sehnlichsten Wunsch mitteilen, *die beiden mächtigsten Nationen der Welt schnell und unwiderruflich verbündet zu sehen*[98]. Die Ermordung Pauls I. durch eine Gruppe anglophiler Offiziere im März 1801 durchkreuzte diese Bemühungen, doch auch sein Nachfolger, Zar Alexander I., hielt an der Politik des Ausgleichs fest. Am 8. Oktober schloss Russland offiziell Frieden mit Frankreich, und auch auf der Britischen

Insel gewann die Antikriegspartei an Boden. Am 25. März 1802 beendete der Friedensschluss von Amiens das zehnjährige Ringen. England verzichtete auf die Antillen, die es Frankreich abgenommen hatte. Überdies einigte man sich darauf, Ägypten an den türkischen Sultan und Malta an den Johanniter-Orden zurückzugeben.

Ganz Frankreich feierte Napoleon als Friedensstifter; seine Popularität stieg, auch in den Pariser Faubourgs, die früher eine Hochburg der Jakobiner gewesen waren. In der allgemeinen Begeisterung wurde übersehen, dass der Friede von Amiens nicht mehr als ein Waffenstillstand sein konnte. England, die maritime Vormacht, wollte sich mit der französischen Hegemonie auf dem Kontinent nicht abfinden. Und Napoleon, das war ebenso früh erkennbar, war weder willens noch fähig, von dem Gesetz, unter dem er angetreten war, abzuweichen, und das verwies ihn darauf, sein Prestige zu mehren und neue, blendende militärische Erfolge zu suchen, um der Gefahr einer «Veralltäglichung» seines Charismas entgegenzuwirken.[99] *Halten Sie doch nur fest*, erklärte er im Sommer 1802 in einem vertraulichen Gespräch, *daß ein Premierkonsul in nichts diesen Königen von Gottes Gnaden gleicht, die ihre Reiche wie ein ererbtes Gut betrachten. Ihnen kommt das Herkommen zugute, während es bei uns ein Hindernis ist. Von seinen Nachbarn gehaßt, gezwungen, in seinem Inneren verschiedene Klassen Übelwollender im Zaume zu halten und zugleich so vielen äußeren Feinden zu imponieren, bedarf der französische Staat glänzender Taten, und deshalb des Krieges. Er muß von allen Staaten der erste sein oder zugrunde gehen.*[100]

Im Mai 1802 beschloss der Senat, dem Ersten Konsul als Zeichen der Dankbarkeit die Amtszeit um weitere zehn Jahre zu verlängern. Napoleon antwortete, er dürfe dieses Anerbieten nicht annehmen, ohne zuvor *die Stimme des Volkes* gehört zu haben.[101] Doch die Frage, die zur Abstimmung vorgelegt wurde, ging über den Senatsbeschluss hinaus: «Soll Napoleon Bonaparte Konsul auf Lebenszeit sein?» Das Ergebnis des Plebiszits war vorauszusehen: 3 508 895 Franzosen stimmten mit Ja, nur 8374 mit Nein.

Schloss Malmaison, ab 1798 Aufenthaltsort Napoleons und Joséphines. Foto, 2002

Welche Bedeutung diese Entscheidung für Napoleon hatte, ließ er Senator Antoine-Clair Thibaudeau wissen: *Von diesem Augenblick an stehe ich auf der gleichen Höhe mit den anderen Herrschern. [...] Sie und ihre Minister werden mich jetzt mehr achten. Die Gewalt eines Mannes, der alle Angelegenheiten Europas in seiner Hand hat, darf weder unsicher sein noch so scheinen.*[102]

Tatsächlich bekam Napoleon noch mehr Machtbefugnisse. Er erhielt das Recht, seinen Nachfolger zu bestimmen – eine wichtige Etappe auf dem Weg zur Erblichkeit. Der Abschluss von Verträgen, das Begnadigungsrecht, die Auswahl der Kandidaten für den Senat – all das lag nun in seiner Hand. Mehr noch, er konnte die Verfassung nach Gutdünken ergänzen, die Kammern auflösen und Gerichtsurteile aufheben. Faktisch agierte er nun als Alleinherrscher. Tribunat und Gesetzgebende Körperschaft waren zur Bedeutungslosigkeit verurteilt, der Senat stellte nur noch ein gefügiges Instrument des Ersten Konsuls dar.

Mit dieser Entwicklung einher ging eine «Verdrängung der Revolution aus dem kollektiven Bewußtsein»[103] und eine

Rückkehr zu monarchischen Formen der Repräsentation. Napoleon, der seit Februar 1800 in den Tuilerien residierte, richtete hier einen Hofstaat ein mit strenger Etikette, die sich an vorrevolutionären Leitbildern orientierte. Auch die zur Zeit des Ancien Régime übliche Hofbekleidung wurde wieder eingeführt. Die Diener trugen Livreen. Bei Bällen und Festen mussten die Frauen sich in elegante Roben kleiden, die Männer in Kniehosen, Seidenstrümpfe und Schnallenschuhe. Statt mit dem brüderlichen «Du» sprach man sich wieder mit «Sie» an, statt mit «Citoyen» und «Citoyenne» mit «Monsieur» und «Madame». Nur der revolutionäre Kalender war noch in Gebrauch (er wurde erst mit der Kaiserkrönung Napoleons 1804 abgeschafft).

Ein deutliches Zeichen der Rearistokratisierung war auch die Gründung der Ehrenlegion im Mai 1802. Napoleon sah darin eine Möglichkeit, Soldaten oder Zivilisten, die sich um den Staat verdient gemacht hatten, auszuzeichnen. Gegen Kritiker,

Der Salle du Conseil von Schloss Malmaison mit Porträts von Letizia Bonaparte und Joséphine de Beauharnais. Foto, 2002

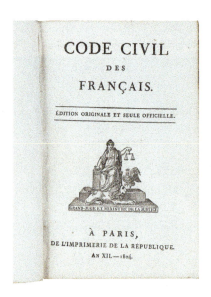

Titelseite des «Code civil». Rueil-Malmaison, Musée National du Château

die das Prinzip der Gleichheit verletzt sahen, verteidigte er die neue Institution: *Ich bezweifle, daß es jemals Republiken gab ohne derlei Distinktionen. Man nennt das ein ‹Kinderspielzeug›, jawohl, aber mit Kinderspielzeug lenkt man die Männer.*[104]

Andererseits schuf Napoleon mit dem Code civil vom März 1804 ein Gesetzbuch, das wesentliche Prinzipien der Revolution festschrieb – Gleichheit vor dem Gesetz, Vertragsfreiheit, Trennung von Staat und Kirche. Mit der starken Betonung des Eigentums kam das Werk den Interessen des aufstrebenden Bürgertums entgegen; zugleich schützte es die Bauern vor einer Rückkehr zu den alten Feudalverhältnissen. Seine große Wirkung über Frankreich hinaus erklärt sich allerdings auch durch die klare, leicht verständliche Sprache. Der Schriftsteller Stendhal soll täglich, bevor er mit dem Schreiben begann, im Code gelesen haben «pour prendre le ton» (um den Ton zu treffen).[105] Napoleon selbst, der intensiv an der Endredaktion beteiligt war, hat noch auf Sankt Helena das Werk als große zivilisatorische Errungenschaft gepriesen: Die Erinnerung an alle seine militärischen Siege werde durch die Niederlage von Waterloo ausgelöscht. *Doch was nichts auslöschen kann, was ewig bleiben wird, das ist mein Code civil.*[106] In manchen linksrheinischen Gebieten blieb der Code bis zur Einführung des Bürgerlichen Gesetzbuchs 1900 in Kraft.

Im März 1804 flog in Paris ein Mordkomplott gegen Napoleon auf. Drahtzieher war Georges Cadoudal, der bekannte Anführer der gegenrevolutionären bretonischen Chouans. Er war im Herbst 1803, von England kommend, heimlich nach Paris zurückgekehrt und hatte einen Kreis von Verschwörern um sich geschart. Zu ihnen zählte nicht nur Jean-Charles Pichegru, einer der Revolutionsgeneräle der ersten Stunde, sondern offenbar auch Moreau, der Sieger von Hohenlinden, ein Intimfeind Napoleons. Im Laufe der Untersuchung trat ein feingesponnes Netzwerk der Verschwörung zutage, das vom Grafen von Artois, einem Bruder Ludwigs XVIII., bis in Kreise der englischen Regierung reichte.

Der Erste Konsul war aufs höchste alarmiert und drängte auf scharfe Verfolgung. Cadoudal wurde mit zwölf seiner Komplizen hingerichtet; Pichegru war schon zuvor erdrosselt in seiner Zelle aufgefunden worden. Moreau wurde in die Verbannung geschickt. Doch damit nicht genug: Napoleons Rachedurst richtete sich auch gegen ein Mitglied der Bourbonenfamilie. In der Nacht vom 14. auf den 15. März 1804 ließ er den Herzog von Enghien aus dem badischen Städtchen Ettenheim entführen und nach Vincennes schaffen. Eine Beteiligung an der Verschwörung konnte dem letzten Spross des Prinzen von Condé, einer Seitenlinie der Bourbonen, zwar nicht nachgewiesen werden. Dennoch wurde er am 21. März nach kurzem Prozess zum Tode verurteilt und standrechtlich erschossen – eine Bluttat, die nicht nur im Ausland, sondern auch in Frankreich Abscheu und Empörung hervorrief.

Für Napoleon kam es offensichtlich auf den Abschreckungseffekt an: *Zum mindesten werden sie jetzt sehen, wessen wir fähig sind, und von nun an, hoffe ich, werden sie uns in Frieden lassen*, erklärte er «mit harter, rauher Stimme» im Kreise der Hofgesellschaft.[107] Doch sein Ansehen als Stifter nationaler Versöhnung hatte zweifellos einen Rückschlag erlitten. Durch den Gewaltakt gegen den Herzog von Enghien habe der Erste Konsul «ein großes und wichtiges Stück von dem Vertrauen, dem Enthusiasmus, der Ergebenheit und Neigung eingebüßt, auf denen seine gegenwärtige Autorität beruht und auf die seine künftige Würde sich gründen soll», berichtete der preußische Gesandte Girolamo Lucchesini aus Paris.[108]

«Die künftige Würde» – das war die Schaffung einer neuen erblichen Monarchie in Frankreich. Auf sie richtete Napoleon schon seit längerem sein Augenmerk, und die aufgeflogene Verschwörung kam ihm gerade recht, um seine Pläne zu beschleunigen. Im April 1804 schlug ein Mitglied des Tribunats vor, Bonaparte zum Kaiser der Franzosen zu erklären. Der Senat nahm den Ball auf und fasste in einer feierlichen Sitzung vom 18. Mai einen entsprechenden Beschluss. Ein Plebiszit sanktionierte, wiederum mit überwältigender Mehrheit, die Erblichkeit der Kaiserwürde.

Die Krönungszeremonie fand am 2. Dezember 1804 in Notre-Dame statt. Alles war monatelang vorbereitet und geprobt worden. Napoleon hatte auf die Anwesenheit von Papst Pius VII. gedrungen, um die neue Kaiserwürde, wie einst Karl der Große, durch das Oberhaupt der Kirche weihen zu lassen. Den Lorbeerkranz setzte er sich allerdings, wie das im Protokoll festgelegt war, selbst aufs Haupt, und er ließ es sich auch nicht nehmen, Joséphine zur Kaiserin zu krönen (nachdem er auf Wunsch des Papstes zuvor noch rasch die kirchliche Trauung nachgeholt hatte). Jacques-Louis David hat die Szene in seinem berühmten Gemälde festgehalten – so wie Bonaparte sie sehen wollte. In Wirklichkeit bewegte sich das Schauspiel in seiner Mischung aus Pomp und Pathos hart am Rande der Lächerlichkeit, und nach allem, was über die Reaktion des Publikums überliefert ist, scheint sich die Begeisterung in Grenzen gehalten zu haben.[109]

Die Krönung Napoleons zum Kaiser der Franzosen. Gemälde von Jacques-Louis David, 1806/07. Paris, Musée du Louvre

Mit der Annahme des Kaisertitels wollte der Erste Konsul nicht nur seine Macht im Innern sichern, sondern auch seine Position gegenüber den europäischen Regenten verbessern. *Ist es nicht ein schönes Resultat,* fragte er Staatsrat Miot de Mélito, *bis zu jener Höhe gelangt zu sein wie ich; sich von Königen mit ‹mein Bruder› anreden zu lassen, von Kurfürsten in ihren Briefen allen ‹Respekt› zu fordern und zu erhalten?* [110] Indem er sich für den Titel Kaiser entschied, stellte Napoleon freilich klar, dass er mit den übrigen Monarchen nicht von Gleich zu Gleich zu verkehren gedachte, sondern beanspruchte, die Geschicke Europas nach seinen Vorstellungen zu lenken.

Die Neuordnung Europas

Am Anfang war Napoleon. Die Geschichte der Deutschen, ihr Leben und ihre Erfahrungen in den ersten eineinhalb Jahrzehnten des 19. Jahrhunderts, in denen die ersten Grundlagen eines modernen Deutschland gelegt worden sind, steht unter seinem überwältigenden Einfluß.» [111] So beginnt Thomas Nipperdeys dreibändige «Deutsche Geschichte» von 1800 bis 1918. Tatsächlich kann die Rolle Napoleons bei der Neugestaltung der deutschen Verhältnisse zu Beginn des 19. Jahrhunderts kaum überschätzt werden. Mit dem Friedensschluss von Lunéville, der eine Entschädigung der Fürsten für ihre linksrheinischen Verluste vorsah, ebnete er den Weg für eine territoriale Flurbereinigung, die das Gesicht Deutschlands grundlegend veränderte.

Durch den «Reichsdeputationshauptschluss» vom 25. Februar 1803 wurden die geistlichen Fürstentümer (bis auf das Kurfürstentum Mainz) säkularisiert, die Reichsstädte (bis auf sechs: Augsburg, Lübeck, Nürnberg, Frankfurt am Main, Bremen und Hamburg) mediatisiert. Die Gebiete wurden den Territorialstaaten zugeschlagen. Nutznießer waren neben Preußen vor allem Bayern, Württemberg, Baden, Hessen-Darmstadt, deren Neuerwerbungen bei weitem über die Verluste hinausgingen. Durch die territoriale Vergrößerung entstanden im Süden und Südwesten geschlossene Mittelstaaten, die künftig den Kern eines «dritten Deutschland» bildeten. Das entsprach dem strategischen Interesse Napoleons, einen Verbund von abhängigen Staaten zu schaffen, «stark genug, um Österreich zu schwächen, nicht stark genug, um Frankreich zu gefährden». [112]

Denn dass der Frieden von Amiens nicht von Dauer sein würde, dessen war sich der Erste Konsul wohl bewusst. Seit der zweiten Jahreshälfte 1802 nahmen die Spannungen zwischen dem Inselreich und seinem kontinentalen Herausforderer kontinuierlich zu. Beide Seiten taten alles, um sich gegenseitig zu reizen. Napoleon betrieb eine aktive Kolonialpolitik in Westindien, streckte seine Fühler auch wieder nach Ägypten und dem Orient aus. Er erweiterte seinen Herrschaftsbereich in Italien, indem er die Cisalpinische Republik in die Italienische Republik verwandelte (zu deren Präsident und späterem König er sich selbst machte) und Piemont annektierte. Statt die französischen Truppen aus Holland abzuziehen, oktroyierte er dem Land eine neue Verfassung, und er führte auch die Schweiz in enge Abhängigkeit zu Frankreich. Vor allem aber suchte er durch hohe Zölle die französische Industrie vor der englischen Konkurrenz zu schützen.

In England war man über das Verhalten Napoleons, das zwar nicht gegen die Buchstaben, wohl aber den Geist des Vertrags von Amiens verstieß, aufs Höchste beunruhigt. Die britischen Zeitungen ergingen sich in heftigen Ausfällen gegen den Machthaber in Paris, für die Karikaturisten wurde er zur beliebten Zielscheibe ihres Spottes[113], und die englische Regierung goss ihrerseits Öl ins Feuer, als sie sich weigerte, die Insel Malta zu räumen, die sie laut Friedensvertrag dem Johanniterorden hätte zurückgeben sollen. Am 13. März 1803 stellte Napoleon den englischen Botschafter Lord Whitworth vor versammeltem diplomatischem Korps zur Rede: *Wehe denen, welche die Verträge nicht respektieren. Sie werden verantwortlich sein vor dem ganzen Europa.*[114] Am 12. Mai verließ Whitworth Paris; am 23. Mai folgte die Kriegserklärung aus London.

Keine Frage: Der letzte Schritt zur Wiederaufnahme des Kampfes war von England ausgegangen. Doch zuvor hatte Napoleon viel zur Verschärfung der Spannungen beigetragen. «Es ist nicht genug zu sagen, daß Frankreich durch seine Eroberungen auf allen Seiten seine Grenzen erweitert», hatte der konservative Publizist Friedrich von Gentz, einer der entschiedensten Gegner Napoleons, schon 1801 bemerkt. «Die Wahrheit ist, daß Frankreich in seiner jetzigen Lage eigentlich gar keine Grenzen mehr kennt.»[115] Eben diese Grenzenlosigkeit der napoleonischen Hegemonialpolitik war es, die England – die europäische Macht, die seit je für das Gleichgewicht auf dem Kontinent eintrat – auf den Plan rufen musste.

In den ersten beiden Kriegsjahren geschah nicht viel. Frankreich sperrte seine Häfen für englische Waren und besetzte im Juni 1803 Hannover, das zum englischen Königshaus gehörte; England beschlagnahmte französische Schiffe und nahm dem Gegner wieder einen Großteil seiner Kolonien ab. Überraschenderweise griff Napoleon eine Idee auf, die er bereits 1798 als General des Direktoriums verworfen hatte: die Landung auf der Britischen Insel. In Boulogne zog er eine Streitmacht von 150 000 Mann zusammen. Viel ist darüber gerätselt worden, ob er nur eine Drohkulisse aufbauen wollte oder tatsächlich eine Invasion plante. Nach allem, was wir wissen, kann es keinen Zweifel geben, dass er ernsthaft entschlossen war, England auf eigenem Territorium anzugreifen.[116] Das Problem war freilich, wie die Truppen über den Ärmelkanal gebracht werden könnten. Napoleon ließ Hunderte von Transportschiffen bauen, doch ohne den Schutz eines Flottengeschwaders war an eine Überquerung nicht zu denken. Hier stach die französische Unterlegenheit ins Auge. *Zu glauben, daß Frankreich vor dem Ablauf von zehn Jahren eine der englischen ebenbürtige Flotte haben könne, ist eine Chimäre*, hatte Napoleon bereits im Februar 1802 geschrieben.[117]

Mit der Beteiligung Spaniens am Krieg gegen England schienen sich die Chancen für das Landungsprojekt zu verbessern. Ein kombiniertes französisch-spanisches Geschwader unter Admiral Villeneuve sollte, so lautete der Plan vom Sommer 1805, die englische Flotte in den Atlantik fortlocken, dann rasch kehrtmachen und der französischen Invasionsarmee bei ihrem gefahrvollen Unternehmen Deckung geben. Sechs Stunden nur müsse er die Kontrolle über den Kanal haben, und England würde aufgehört haben zu existieren, tönte Napoleon.[118] Doch das Ablenkungsmanöver missglückte, und damit entfiel eine Grundvoraussetzung für das Gelingen der Operation.

Allerdings hatte der frisch gekrönte Kaiser der Franzosen auch allen Anlass, seine Blicke vom Kanal ab- und wieder dem Kontinent zuzuwenden. Denn hier hatte sich in der Zwischenzeit die Mächtekonstellation deutlich zu Frankreichs Ungunsten verschoben. Verärgert über Napoleons Aktivitäten im

1805

Orient, hatte Zar Alexander I. sich den Briten angenähert. Im April 1805 unterzeichneten England und Russland einen Bündnisvertrag, dessen wesentliche Bestimmung darauf hinauslief, Frankreich auf seine Grenzen von 1792 zurückzudrängen. Österreich witterte Morgenluft und trat dem Bündnis bei, ebenso Schweden und der Bourbonenkönig von Neapel. Damit war eine Dritte Koalition gegen Napoleon geschmiedet. Nur Preußen, das 1795 im Sonderfrieden von Basel aus der Ersten Koalition ausgeschert war, hielt sich weiterhin neutral.

Der Soldatenkaiser war nun wieder ganz in seinem Element. Ende August 1805 wurde das Lager von Boulogne aufgehoben und die England-Armee – die den Namen Grande Armée erhielt – in Eilmärschen vom Kanal an den Rhein geführt. Die süddeutschen Staaten Bayern, Württemberg und Baden schlossen sich Anfang Oktober mit ihren Hilfskontingenten der Streitmacht an. In einer Umfassungsbewegung, deren Präzision stets die Bewunderung von Generalstäblern und Militärhistorikern gefunden hat, gelang es Napoleon, die österreichische Armee unter General Karl Mack bei Ulm einzukesseln. *Der Feind ist geschlagen, er hat den Kopf verloren, und alles verkündet mir den glücklichsten, kürzesten und glänzendsten Feldzug, den ich je unternommen,* triumphierte Napoleon am 12. Oktober in einem Brief an Joséphine.[119] Am 20. Oktober kapitulierte Mack mit dem Hauptteil seiner Armee; fast 50 000 Österreicher gingen in Gefangenschaft. In beinahe täglich erscheinenden Bulletins wurde die französische Öffentlichkeit über den Fortgang der militärischen Operationen auf dem Laufenden gehalten – eine der wirksamsten Waffen im Propagandakampf.[120]

Die Freude über den Triumph von Ulm währte nur kurz. Denn einen Tag

Er ritt, wie der Einzige von einsamer Größe, in einem ganz einfachen Rock gekleidet, auf einem Schimmel voraus, und ihm folgte eine große Menge von Gold und Silber schimmernder Generale und dergleichen.

Lorenz von Westenrieder über Napoleons Einzug in München am 24. Oktober 1805

später, am 21. Oktober 1805, wurde das französische Geschwader in der Seeschlacht bei Trafalgar vernichtend geschlagen. Der englische Admiral Nelson verlor dabei sein Leben. Die Idee

Horatio Lord Nelson. Farbdruck nach einem zeitgenössischen Bildnis

einer Landung auf der Britischen Insel musste Napoleon nun endgültig begraben. Wenn er England zum Frieden geneigt machen wollte, dann blieb ihm kaum etwa anderes übrig, als sich zum Beherrscher Europas aufzuschwingen. Am 13. November zog er in Wien ein; der österreichische Kaiser Franz II. hatte die Stadt verlassen, um die noch verbliebenen Streitkräfte mit denen des Zaren zu vereinigen. Am 2. Dezember, als die Sonne über Austerlitz aufging, stießen die Heere in der «Dreikaiserschlacht» aufeinander. Napoleon errang, obwohl seine Armee zahlenmäßig deutlich unterlegen war, einen glänzenden Sieg. *Die Schlacht von Austerlitz ist die schönste von allen, welche ich geliefert,* berichtete er stolz der Kaiserin.[121]

Der Feldzug war entschieden. Österreich bat um Waffenstillstand. Am 26. Dezember wurde in Preßburg der Friedensvertrag unterzeichnet. Entgegen dem Ratschlag seines Außenministers Talleyrand legte Napoleon dem besiegten Gegner harte Bedingungen auf: Österreich verlor seine letzten Besitzungen in Italien – Venedig, Istrien und Dalmatien fielen an das Königreich Italien; es musste Tirol und Vorarlberg an Bayern abtreten, seine schwäbischen Besitzungen an Württemberg und Baden. Die Kurfürsten von Bayern und Württemberg erhielten von Napoleons Gnaden die Königswürde.

Wenige Tage zuvor, am 15. Dezember, hatte Preußen sich in Schönbrunn dazu bereit gefunden, einen Vertrag mit Frankreich zu unterzeichnen, in dem es das Fürstentum Neuchâtel an Frankreich, die Grafschaft Ansbach an Bayern abtrat und dafür zum Ausgleich Hannover zugesprochen bekam – ein Danaergeschenk, das zu Verwicklungen mit England führen musste. Dass Preußen sich damit nur eine Atempause verschafft hatte, bevor es zum nächsten Ziel der napoleonischen Eroberungspolitik wurde – das war einem einsichtigen Beobachter wie dem preußischen Prinzen Louis Ferdinand klar: «Wir werden den Krieg haben», schrieb er am 20. Dezember 1805, «und statt ihn mit Glanz zu führen, wie wir hätten tun sollen, wird die Last auf uns fallen.»[122]

Nach dem Frieden von Preßburg konnte der Kaiser der Franzosen in den Frankreich angegliederten und von ihm abhängigen Staaten nach Belieben schalten und walten. «Disponieren kann Bonaparte über alles; von Brest in die Bukowina geht sein Reich», klagte Anfang 1806 der Historiker Johannes von Müller in einem Brief an Friedrich von Gentz.[123]

Um dieses riesige Imperium zu sichern, suchte Napoleon einerseits verwandtschaftliche Verbindungen mit regierenden Häusern zu knüpfen und andererseits Angehörige des eigenen Clans auf Throne zu setzen. Im Januar 1806 heiratete Joséphines Sohn Eugène de Beauharnais eine Tochter des Königs von Bayern; im April vermählte sich eine Cousine Joséphines, Stéphanie de Beauharnais, mit dem badischen Erbprinzen Karl. Nach der Vertreibung der Bourbonen aus Neapel musste Joseph Bonaparte im Februar 1806 die Krone übernehmen. Widerspruch duldete sein Bruder nicht: *Ich kenne nur solche Verwandten, die mir nützen. Diejenigen, die nicht zusammen mit mir aufsteigen, gehören nicht mehr zu meiner Familie.*[124] Der widerstrebende Louis Bonaparte wurde im Mai 1806 König von Holland; zuvor war der Mann der Schwester Caroline, Joachim Murat,

Napoleon im Krönungsornat. Gemälde
von François Gérard, 1810. Dresden,
Gemäldegalerie, Neue Meister

zum Großherzog von Kleve und Berg ernannt worden. Die älteste Schwester Elisa wurde Fürstin von Lucca und Piombino, später Großherzogin der Toscana; Pauline, Napoleons Lieblingsschwester, erhielt aus der oberitalienischen Verfügungsmasse ein eigenes kleines Fürstentum, Guastalla.[125]

Eine dynastische Familienpolitik war die eine Seite der Herrschaftssicherung; die andere war die Schaffung einer deut-

Kaiserin Joséphine. Gemälde von Henri François Riesener, 1806. Rueil-Malmaison, Châteaux de Malmaison et Bois-Préau

schen Konföderation, als deren Schutzherr der Kaiser der Franzosen in Erscheinung treten konnte. Am 16. Juli 1806 unterzeichneten sechzehn Staaten, unter ihnen die neuen Königreiche Bayern und Württemberg und das Großherzogtum Baden, in Paris die Gründungakte des Rheinbunds. Seine Mitglieder erklärten ihren Austritt aus dem alten Reichsverband und verpflichteten sich, Frankreich im Kriegsfall ein Kontingent von 63 000 Mann zur Verfügung zu stellen. Daraufhin legte Franz II. am 6. August 1806 die deutsche Kaiserkrone nieder. Das Heilige Römische Reich deutscher Nation war sang- und klanglos untergegangen.

In den meisten Rheinbundstaaten wurden Reformen durchgeführt, die das alte Feudalsystem abschafften oder einschränkten – zweifellos ein Fortschritt. Auf der anderen Seite erlaubte die Rheinbundakte den Franzosen, die «Große Armee» auf Kosten der Verbündeten in Deutschland zu halten. Ihre Präsenz machte sich immer drückender bemerkbar. «Ich habe die Franzosen geliebt», ließ die Frau des bayerischen Staatsministers Maximilian Graf von Montgelas Talleyrand wissen, «aber ich verabscheue die, die auf Kosten meines armen Vaterlands leben und dessen Blutsauger werden.» [126] Erste kritische Stimmen gegen die französische Herrschaft wurden laut. In Süddeutschland erschien im Mai 1806 die Flugschrift eines anonymen Verfassers unter dem Titel «Deutschland in seiner tiefen Erniedrigung». Der Nürnberger Buchhändler Johann Philipp Palm, der die Broschüre verlegt hatte, wurde im August 1806 verhaftet, in Braunau vor ein französisches Kriegsgericht gestellt und hingerichtet. Das Urteil löste weithin Empörung aus.[127] Ein Nationalgefühl begann sich, noch zaghaft zwar, aber unüberhörbar zu regen.

Mittlerweile hatten sich die Beziehungen zwischen Preußen und Frankreich dramatisch verschlechtert. In Berlin fürchtete man, dass Napoleon nur nach einem Vorwand suchte, um über Preußen herzufallen. Und darin fühlte man sich bestärkt, als bekannt wurde, dass der französische Kaiser in Geheimgesprächen England die Rückgabe Hannovers angeboten hatte, für dessen Besitz Preußen erhebliche Konzessionen hatte machen müssen. Selbst der zaudernde König Friedrich Wilhelm III. zeigte sich nun kriegsbereit. Nachdem er mit Russland eine geheime Allianz geschlossen hatte – die Vierte Koalition –, ließ er im August 1806 die Truppen mobilisieren. Napoleon mochte zunächst noch nicht glauben, dass die Kriegsdrohung ernst gemeint sei. *Der Gedanke, Preußen könnte sich allein mit mir einlassen, erscheint mir so lächerlich, daß er gar nicht in Betracht gezogen zu werden verdient*, teilte er am 12. September 1806 Talleyrand mit.[128] Doch am 1. Oktober erhielt der Kaiser ein Ultimatum des preußischen Königs mit der Aufforderung, seine Truppen hinter den Rhein zurückzuführen. Das war faktisch eine Kriegserklärung.

Ohne das Eintreffen der russischen Armee abzuwarten, setzte sich das preußische Heer in drei Marschsäulen Richtung Bayern in Bewegung. Das Offizierskorps zehrte zwar immer noch vom Nimbus der Siege Friedrichs des Großen, doch in Wirklichkeit war es, wie ein Beobachter treffend bemerkte, «eine wurmstichige Gesellschaft»[129] – kriegsunerfahren und in den alten Begriffen des militärischen Drills denkend. Napoleon reagierte, wie immer, blitzschnell. Bevor die preußische Armee sich vereinigen konnte, warf er sich auf sie. Bereits am 10. Oktober wurde die Vorhut bei Saalfeld besiegt, wobei Prinz Louis Ferdinand den Tod fand. Am 14. Oktober griff der Kaiser bei Jena die Armee des Generals Hohenlohe mit überlegenen Kräften an und bereitete ihr eine vernichtende Niederlage. Am selben Tage besiegte Marschall Davout die preußische Hauptarmee unter dem Herzog von Braunschweig. In wilder Hast, bald in völliger Auflösung, floh die einst so stolze Streitmacht, von der französischen Kavallerie unbarmherzig verfolgt.

Wie ein Kartenhaus brach das alte Preußen zusammen. Die meisten Festungen ergaben sich kampflos. Am 24. Oktober wurde Berlin besetzt. Drei Tage später ritt Napoleon an der Spitze seiner Garderegimenter durch das Brandenburger Tor, begleitet von Rufen «Vive l'empereur», in die auch mancher Berliner einstimmte. Friedrich Wilhelm III. hatte sich zuvor mitsamt seiner Frau, der Königin Luise, und dem Hofstaat nach Königsberg abgesetzt.

Am 21. November erließ Napoleon ein Dekret, in dem er eine Wirtschaftsblockade über England verhängte. Ab sofort sollten alle Häfen des Kontinents für englische Schiffe und Waren gesperrt sein. Staaten, die sich dieser «Kontinentalsperre» nicht anschlossen, sollten als Feinde Frankreichs betrachtet werden. Der französische Kaiser hoffte, Englands Handel und Industrie auf diese Weise so stark in Mitleidenschaft ziehen zu können, dass die erste Seemacht unter den Nationen sich gezwungen sehen würde, klein beizugeben. *Ich will das Meer durch die Macht des Landes erobern*, lautete seine Devise.[130] Doch schon früh wurde erkennbar, dass sich eine lückenlose Absperrung der Küsten Europas nur schwer durchführen ließ. In Holland, den Hansestädten, Spanien und Italien entwickelte sich ein schwunghafter Schmuggel, der trotz drakonischer Gegenmaßnahmen niemals ganz unterbunden werden konnte.

Noch war Russland unbesiegt. Vor den heranrückenden französischen Armeen zog sich der russische General Levin August Gottlieb Bennigsen weit zurück – bis hinter die Weichsellinie. Und nun zeigte sich, wie ungünstig das Klima und die Beschaffenheit des Landes für die napoleonische Kriegsführung waren. Das aufgeweichte Terrain verhinderte jede schnelle Bewegung; Nachschub konnte nicht mehr in ausreichendem Maße herangeschafft werden, und sich aus dem Lande zu ernähren, war nicht möglich, weil die Russen bei ihrem Rückzug fast alles mitgenommen oder zerstört hatten. Die französischen Soldaten mussten hungern und frieren, und selbst Napoleons treueste Haudegen, die Angehörigen seiner Garde, begannen zu murren.

Der Kaiser der Franzosen nahm Winterquartier in Warschau. Die polnischen Patrioten begrüßten ihn als Befreier; sie erwarteten von ihm die Wiederherstellung der polnischen Unabhängigkeit, die sie 1795, nach der dritten Teilung Polens, verloren hatten. Napoleon schürte solche Hoffnungen, ohne sich jedoch festzulegen. Anfang Januar 1807 begegnete er auf einem Fest der einundzwanzigjährigen polnischen Gräfin Maria Walewska, in die er sich heftig verliebte. Die Romanze hat immer wieder die Phantasien der Napoleon-Biographen beflügelt. Immerhin blieb sie nicht folgenlos, denn die schöne Gräfin bekam ein Kind von Napoleon, und damit war der Beweis seiner Zeugungsfähigkeit erbracht – ein Grund, die kinderlose Ehe mit Joséphine aufzulösen.

Am 8. Februar 1807 stießen die französischen und russischen Armeen bei Preußisch-Eylau aufeinander. Ein mörderischer Kampf begann; am Ende blieben 25 000 Russen und

Maria Walewska.
Gemälde von François
Pascal Simon Gérard,
um 1810. Versailles,
Châteaux de Versailles
et de Trianons

18000 Franzosen auf dem Schlachtfeld. «Noch nie haben so viele Leichen ein so kleines Gebiet bedeckt», notierte der französische Arzt Percy in sein Tagebuch. «Der Schnee war überall blutbefleckt.»[131] Napoleon hatte die Schlacht zwar nicht verloren, aber er hatte sie auch nicht gewonnen; auf seine Aura der Unbesiegbarkeit war ein erster Schatten gefallen, und das machte Eindruck in ganz Europa. Die erschöpfte Truppe brauchte dringend eine Atempause. In der Zwischenzeit führte Napoleon frische Kräfte heran.

Im Frühjahr entbrannte der Kampf aufs Neue. Ende Mai fiel Danzig, die Franzosen rückten auf Königsberg vor. Der preußische König war schon zuvor nach Memel, in den äußersten Winkel seines Landes, geflüchtet. Am 14. Juni 1807 schließlich stellte Napoleon Bennigsens Armee bei Friedberg und fügte ihr eine entscheidende Niederlage bei. *Das ist eine würdige Schwester der Schlachten von Marengo, Austerlitz und Jena*, meldete er der Kaiserin.[132] Russland war friedensreif; am 21. Juni kam ein Waffenstillstand zustande.

Nahe bei Tilsit, auf einem Floß in der Mitte des Njemen, trafen sich am 25. Juni 1807 der französische Kaiser und der russische Zar. Die beiden Herrscher umarmten sich. «Sire, ich hasse die Engländer, wie Sie selbst sie hassen», eröffnete Alexander die zweistündige Unterredung. *In diesem Fall läßt sich alles begleichen, und der Friede ist gemacht*, entgegnete Napoleon.[133] Zwei Wochen lang wurde in Tilsit verhandelt. Napoleon bot all seinen Charme auf, um den Zaren zu bestricken, und er zeigte sich zugleich angetan von Alexanders liebenswürdigem Wesen. Der Friedensvertrag, der am 7. Juli unterzeichnet wurde, war für beide Seiten vorteilhaft: Russland musste Cattaro und die Ionischen Inseln an Frankreich abtreten und sich überdies der Kontinentalsperre anschließen. Umgekehrt machte Napoleon dem Zaren Hoffnungen auf die europäischen Gebiete des Osmanischen Reichs. Konstantinopel allerdings, den Schlüssel zu den türkischen Meerengen, wollte er nicht konzedieren. *Nein, Konstantinopel niemals!*, soll er ausgerufen haben. *Das wäre ja die Weltherrschaft.*[134]

Sehr viel drückender waren die Bedingungen, die Preußen am 9. Juli diktiert wurden, obwohl Königin Luise zuvor in einem Vier-Augen-Gespräch versucht hatte, den Sieger milde zu stimmen. Es musste alle Gebiete westlich der Elbe abtreten; aus ihnen wurde ein neues Königreich Westfalen gebildet, dessen Krone Napoleons jüngster Bruder Jérôme tragen durfte.

Tilsit, 6. Juli 1807: Napoleon empfängt Königin Luise von Preußen, Alexander I. von Russland und Friedrich Wilhelm III. von Preußen. Gemälde von Nicolas Gosse, 1837. Versailles, Châteaux de Versailles et de Trianons

Nach dem Willen des französischen Kaisers sollte ein Modellstaat entstehen mit weit ausstrahlender Wirkung: *Welches Volk wird zu der willkürlichen preußischen Regierung zurückkehren wollen, wenn es einmal von den Wohltaten einer weisen und liberalen Verwaltung gekostet hat?* [135] Die polnischen Provinzen Preußens wurden zu einem Großherzogtum Warschau vereinigt, das dem nun ebenfalls zum Königreich erhobenen Kurfürstentum Sachsen angegliedert wurde. Dem um die Hälfte amputierten preußischen Staat wurde überdies eine hohe Kriegsentschädigung auferlegt; bis sie beglichen war, sollte das Land besetzt bleiben. Als Großmacht hatte Preußen vorerst abgedankt. Doch gerade in dieser bitteren Stunde wuchsen ihm die Kräfte zu grundlegenden Reformen zu, die den Wiederaufstieg ermöglichten und deren Folgen Napoleon bald zu spüren bekommen sollte.

Mit dem Tilsiter Frieden befand sich Napoleon auf dem Höhepunkt seiner Macht. Und noch auf Sankt Helena hat er sich jener Tage als seiner glücklichsten erinnert: *Ich hatte Wechselfälle des Glücks kennengelernt, hatte Sorgen gehabt [...], und nun sah ich mich siegreich, ich diktierte Gesetze, und Kaiser und Könige machten mir den Hof.*[136] Am 27. Juli 1807, nach zehnmonatiger Abwesenheit, kehrte er nach Paris zurück. Noch einmal bereitete man ihm einen begeisterten Empfang. Sein Geburtstag, der 15. August, seit 1803 Nationalfeiertag, wurde mit großem Aufwand gefeiert. Doch aller Jubel konnte ein dumpfes Gefühl des Unbehagens nicht übertönen. Nicht wenige fragten sich, wie lange das in Tilsit Erreichte wohl Bestand haben würde. Der Winterfeldzug in Ostpreußen hatte gezeigt, dass Napoleons Armeen im Begriff waren, ihre Überlegenheit zu verlieren. Die Zeit der raschen Siege schien vorbei. Immer mehr wurde die Anwesenheit der französischen Truppen von den Völkern Europas nicht als verheißungsvoller Beginn neuer Freiheit, sondern als drückende Plage empfunden.

Als ein Kind des 18. Jahrhunderts hat Napoleon die Kräfte der Nationalbewegungen, die durch seine Kriege geweckt wurden, nicht begriffen. Das sollte eine wesentliche Bedingung seines Scheiterns werden. Der Herr Europas wähnte sich nach Tilsit im Zenit seiner Laufbahn, doch in Wirklichkeit begann nun, «anfangs leise und der Welt kaum bemerkbar»[137], sein Abstieg.

Im Zenit der Macht

Er ist auffallend häßlich, ein dickes, aufgedunsenes braunes Gesicht, dabei ist er korpulent, klein und ganz ohne Figur, seine großen runden Augen rollen unheimlich umher, der Ausdruck seiner Züge ist Härte, er sieht aus wie die Inkarnation des Erfolges.» So beschrieb die preußische Oberhofmeisterin Gräfin von Voss den französischen Kaiser während der Tilsiter Verhandlungen Anfang Juli 1807.[138] Natürlich war diese Beobachtung durch die persönliche Antipathie gegen den Bezwinger Preußens gefärbt. Aber dass Napoleons äußere Erscheinung sich stark verändert hatte, das fiel auch anderen Zeitgenossen auf. Als General des Direktoriums und noch in den ersten Jahren des Konsulats war er von hagerer Gestalt gewesen, das schmale, gelbliche Gesicht von schulterlangem, kastanienbraunem Haar umrahmt. Jetzt war sein Antlitz voller, der Teint bleicher geworden, das Haar gelichtet und daher kurz geschoren, und nicht mehr zu kaschieren waren die Umrisse eines schon recht stattlichen Bauchs.[139]

Nicht verändert hatte sich sein täglicher Arbeitsrhythmus. Napoleon stand gewöhnlich um sieben Uhr auf, ließ sich Zeitungen und Polizeiberichte vorlesen und unterhielt sich mit seinem Kammerdiener über den neuesten Hofklatsch. Danach nahm er ein ausgiebiges Bad in heißem Wasser. Besondere Aufmerksamkeit widmete er der Pflege der Zähne, und er rasierte sich, ungewöhnlich für einen Herrscher, selbst – wohl auch aus Furcht, er könne einem Attentat zum Opfer fallen. Sobald er sich hatte ankleiden lassen, begab er sich in sein Arbeitskabinett und diktierte Briefe und Depeschen. Dabei sprach er, auf- und abgehend, so schnell, dass sein Sekretär nicht selten Mühe hatte, alles mitzuschreiben. Den ersten Audienzen folgte gegen elf Uhr ein Déjeuner, das Napoleon in der Regel hastig zu sich nahm, um sich gleich darauf wieder seinen Diktaten zu widmen. Um ein Uhr mittags fanden Sitzungen des Ministerrats oder des Staatsrats statt, bei denen der Kaiser ausdauernd präsidierte und die Teilnehmer durch sein Detailwissen in Erstaunen versetzte. Sein phänomenales Gedächtnis kam ihm hier ebenso zustatten wie seine nach wie vor fast unerschöpfliche Arbeitskraft und seine Fähigkeit, mühelos von einem Gegenstand zum anderen zu wechseln. Oft wurde es sieben Uhr abends, bis Napoleon sich zum Essen mit der Kaiserin zusammensetzte, wobei er wiederum die Speisen achtlos in sich hineinschlang. Wenn nicht Bälle oder Theaterbesuche auf dem Programm standen, kehrte Napoleon nach einer kleinen Erholungsphase im Salon in sein Kabinett zurück, um liegen gebliebene Arbeiten zu erledigen und den Hofleuten Weisungen für den nächsten Tag zu erteilen. Gegen Mitternacht ging er zu Bett, wachte aber häufig schon nach wenigen Stunden auf, arbeitete wieder etwas und legte sich dann gegen Morgen noch einmal zur Ruhe.[140]

Einige schon früh erkennbare Züge seiner Persönlichkeit traten nun schärfer hervor, etwa sein Jähzorn und ein Hang zur Gewalttätigkeit. Gewiss, er konnte, wenn er wollte, auch recht liebenswürdig sein und seine Gesprächspartner bezaubern. Er hatte dann, wie sein Großstallmeister Caulaincourt sich erinnerte, «in der Stimme, im Gesichtsausdruck, in den Umgangsformen etwas Verführerisches, Hinreißendes; es gab ihm über die Person, mit der er sprach, ebenso viele Vorteile wie die Überlegenheit und Geschmeidigkeit seines Geistes.»[141] Doch in weniger kontrollierten Momenten zeigte sich eher die andere Seite seiner Natur. Der Markgräfin Amalia von Baden jagte das Lachen des Kaisers einen nicht geringen Schrecken ein, «denn dann finde ich, daß er einen grausamen Zug um den Mund hat»[142]. Napoleons krankhaftes Misstrauen verband sich, je mächtiger er wurde, mit einer ausgeprägten Menschenverachtung. «Er legte Wert darauf, die schwache Seite der Menschen zu entdecken», beobachtete die Hofdame Claire de Rémusat. «Wo er keine Laster fand, begünstigte er die Schwächen, in Ermangelung dieser wußte er Furcht zu erregen, um stets und ständig seine Überlegenheit zu wahren.»[143]

Die alles Bisherige in den Schatten stellenden Erfolge der

Feldzüge von 1806/07 waren Napoleon sichtbar zu Kopfe gestiegen. Er hielt sich bald für unfehlbar, ja glaubte sich mit der «Vorsehung» im Bunde. Einen Irrtum oder eine Schwäche einzugestehen, dazu war er jetzt noch weniger in der Lage als früher. Hatte sich sein ausgeprägtes Ego in der Phase seines kometenhaften Aufstiegs mit einem scharfen Blick für die Realitäten gepaart, neigte er in seinen späteren Jahren dazu, sich die Wirklichkeit nach seinem Bilde zu formen. So verlor er zusehends nicht nur den Sinn für das Machbare, sondern auch das Gespür für die Stimmungen im Volk, die er einst so geschickt für seine Zwecke zu nutzen gewusst hatte.

Immer deutlicher legte Napoleon nun auch die Allüren eines Despoten an den Tag. Widerspruch ertrug er immer weniger, auch nicht im engsten Kreis seiner Ratgeber. Anfang August 1807 entließ er Außenminister Talleyrand, weil dieser ihn allzu deutlich hatte spüren lassen, dass er seine maßlose Expansionspolitik nicht billigte.[144] Im gleichen Monat wurde das Tribunat abgeschafft; es hatte ohnehin nur noch ein Schattendasein geführt, aber mit seiner Auflösung ließ der Kaiser erkennen, dass einzig sein Wille zählte und er allein die politischen Entscheidungen traf. Senat und Staatsrat waren nicht mehr als gefügige Instrumente seiner Herrschaft, und auch die Justiz wurde in ihrer Unabhängigkeit eingeschränkt. Jede Opposition wurde unterdrückt.

Charles Maurice de Talleyrand (1754, Paris – 1838, Paris). Der geschmeidige Diplomat diente vielen Herren. Ludwig XVI. ernannte den Spross eines alten Adelsgeschlechts zum Bischof von Autun. Als Vertreter des Klerus in die Generalstände gewählt, ging er zum Dritten Stand über und machte die Sache der Revolution zu seiner eigenen. Mehrfach weilte er in diplomatischer Mission in London. Von den Jakobinern als «Emigrant» geächtet, ging er 1794 vorübergehend in die USA. Das Direktorium ernannte ihn 1797 zum Außenminister. Als solcher war er auch unter Napoleon tätig, der ihn mit Ehren überhäufte (1806 Erhebung zum Fürsten von Benevent). 1807 kam es zum Zerwürfnis. Anfang April 1814 trat Talleyrand an die Spitze einer Provisorischen Regierung und hatte entscheidenden Anteil an der Restauration der Bourbonen-Monarchie. Auf dem Wiener Kongress 1814/15 vertrat er geschickt die französischen Interessen. In den ersten Jahren der Juli-Monarchie, von 1830 bis 1834, war er noch einmal Botschafter in London.

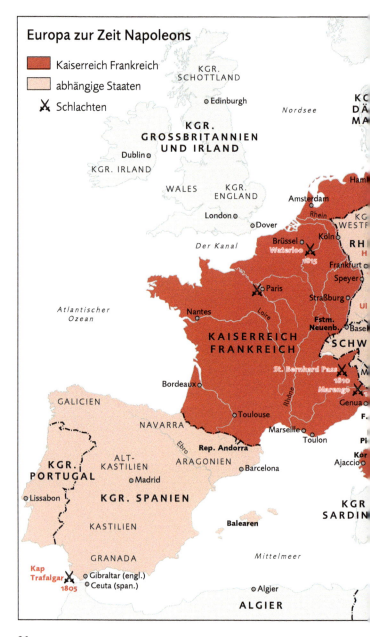

Alle Elemente, die Unfrieden säen, müssen von Paris ferngehalten werden, hatte Napoleon bereits im August 1805 Fouché angewiesen. *Unmöglich kann ich, auch wenn ich mich 2000 Meilen von meinem Lande am äußersten Ende von Europa befände, den schlechten Bürgern freies Feld und sie meine Hauptstadt aufwiegeln lassen!* [145] Die Pressezensur wurde noch einmal verschärft. Laut Dekret vom August 1810 durfte in jedem Departement nur noch eine Zeitung erscheinen, in Paris wurde die Zahl der Blätter auf vier beschränkt, darunter den «Moniteur», das offizielle Regierungsorgan. Im Februar 1811 wurde das «Journal des Débats» (zuvor in «Journal de L'Empire» umbenannt) verboten, weil es versucht hatte, ein gewisses Maß an redaktioneller Unabhängigkeit zu behaupten.[146] Verantwortlich für diesen Willkürakt war der neue Polizeiminister Jean-Marie Savary, ein subalterner Beamter, der den Vorgänger Fouché in seinem Observationseifer noch zu übertrumpfen suchte.

Auch Literatur und Theater unterlagen einer, wenn auch sanfteren Gängelung, sodass das geistige Leben Frankreichs allmählich in Langeweile erstarb. *Es gibt nur zwei Gewalten auf der Welt, das Schwert und den Geist. Auf lange Sicht wird das Schwert immer vom Geist besiegt.*[147] An diese Maxime hat sich Napoleon selbst nicht gehalten; er agierte wie ein kleinlicher Autokrat, der sich der Legitimität seiner Herrschaft nicht sicher war.

Der Einschränkung der Meinungsfreiheit entsprach ein immer ausgeprägterer Personenkult. In Zeitungen, den Bulletins der Armee, in Theaterstücken und Predigten wurde Napoleons Genialität gepriesen; man verglich ihn mit den großen Heroen der Geschichte, mit Alexander, Cäsar und Karl dem Großen.[148] Die bildenden Künstler, allen voran David und seine Schüler, wetteiferten darin, das Bild des Kaisers zu überhöhen und ihn mit den Zügen eines antiken Triumphators auszustatten. Bereits 1805 hatte Napoleon gegenüber seinem Generalintendanten Daru geäußert: *Meine Absicht ist, insbesondere die bildenden Künste auf solche Gegenstände zu lenken, die geeignet erscheinen, die Erinnerung daran zu verewigen, was sich in den letzten fünf Jahren zugetragen hat.*[149] Die Bildpropaganda wurde wirkungsvoll ergänzt durch Denkmäler, gegen die er sich zur Zeit des Konsulats noch gesträubt hatte. Im August 1810 wurde, nach römischem Vorbild, eine Säule auf der Place Vendôme eingeweiht, die eine Statue des Kaisers mit Toga und Lorbeerkranz krönte. Mit einem monumentalen Triumphbogen an der Place d'Étoile wurde zwar begonnen, doch wurde er erst Jahrzehnte später, 1836, fertig gestellt.

Auch das Bildungswesen wurde zentralisiert und in den Dienst des kaiserlichen Regimes gestellt. Die 1806 gegründete «Kaiserliche Universität» erhielt das Unterrichtsmonopol über alle Lehranstalten, öffentliche und private, von den Primärschulen bis zu den Universitäten. Den heranwachsenden Franzosen wurde folgendes Glaubensbekenntnis zur Pflichtlektüre gemacht: «Wir schulden unserem Kaiser Napoleon I. Liebe, Achtung, Gehorsam, Treue, den Kriegsdienst und die zur Aufrechterhaltung und Verteidigung seines Thrones gebotenen Tribute. [...] Wir schulden ihm dies vor allem deshalb, weil ihn Gott, der die Reiche gründet und nach seinem Wohlgefallen verteilt, in Krieg und Frieden mit seinen Gaben überhäuft, ihn zu unserem Souverän, zum Werkzeug seiner Gewalt, zu seinem Abbild auf Erden gemacht hat.»[150] Auch wenn Napoleon sich gelegentlich über die exzessiven Formen des Kults lustig machte, scheint er doch in zunehmendem Maße sich selbst in jenem Bild wieder erkannt zu haben, das die Propaganda von ihm entwarf und in immer neuen Variationen in die Köpfe und Herzen der Franzosen einzuprägen sich bemühte.

Was in der Zeit des Konsulats begonnen hatte, setzte sich nun ungehemmt fort: die Rearistokratisierung der französischen Gesellschaft. In den Tuilerien tauchten immer mehr Angehörige des alten Adels auf, zunächst als Hofdamen der Kaiserin, bald auch in wichtigen Hofämtern. Napoleons Absicht war es, die Vertreter der neuen bürgerlichen Elite mit den Abkömmlingen der alten Aristokratie zu verschmelzen und so einen neuen Adel zu schaffen, der ihm als treue Stütze seiner Herrschaft zur Verfügung stehen sollte.

Diese Bestrebungen stießen keineswegs überall auf Begeisterung, denn der Gedanke der gesellschaftlichen Gleichheit war seit der Revolution in Frankreich fest verwurzelt. «Der Handel betrachtet es als eines seiner edelsten Rechte, von seinesgleichen beurteilt zu werden. Napoleon will mit aller Gewalt hierarchische Gliederungen einführen», empörte sich ein Bankier in seinem Tagebuch.[151] Durch Gesetz vom 1. März 1808 wurden die alten Adelstitel eingeführt. Es gab nun wieder Herzöge, Grafen und Barone; mit dem Titel verbunden war der Besitz von Ländereien und Dotationen sowie das Recht, ein Wappen zu führen. Allerdings genoss der neue Adel, im Unterschied zum alten, keine Privilegien, also etwa die Befreiung von Steuern und Abgaben. Die Titel waren nicht erblich, konnten jedoch auf den jeweils ältesten Sohn übertragen werden, wenn ein Majorat geschaffen wurde, das diesem ein festes Einkommen durch Grundbesitz garantierte.

Eine seiner *schönsten Schöpfungen* nannte Napoleon die Wiedereinführung des Adels.[152] Doch erwies sich diese Neuerung als in jeder Beziehung kontraproduktiv. Große Teile der alten Aristokratie hielten sich auf Distanz, und die öffentliche Meinung «schwankte zwischen Spott über die Aufgeblasenheit der Neuadligen und Klage über das Verblassen des Gleichheitsideals»[153]. Die Hoffnung Napoleons, mit der neuen Nobilität eine zuverlässige Stütze seiner Dynastie geschaffen zu haben, erfüllte sich nicht. Als sein Stern zu sinken begann und sein Untergang sich abzeichnete, sollten sich die Würdenträger, die er erst groß gemacht hatte, ganz schnell von ihm abwenden.

Dem napoleonischen Hofstaat fehlte das, was das Ancien Régime ausgezeichnet hatte: die selbstverständliche Noblesse, die sich aus einer jahrhundertelangen Herrschaftstradition speiste. Das Parvenühafte konnten der Kaiser und seine Umgebung bei allem Bemühen, das Zeremoniell aus der Zeit des Sonnenkönigs zu reanimieren, nie ganz abstreifen. «Es ist in ihm etwas von einem Entwurzelten geblieben», urteilt sein Biograph Georges Lefebvre.[154]

Napoleon hat nicht nur aufgehört, irgendeine Grenze zu beachten, sondern er hat die Maske vollkommen abgelegt.
Metternich, der österreichische Botschafter in Paris, Oktober 1807

Immer in der Angst des Emporkömmlings, irgendwie lächerlich wirken zu können, suchte Napoleon die fehlende Nonchalance durch steife Formalität zu kompensieren. Es herrschte eine Atmosphäre ängstlicher Beklommenheit. «Je näher man der Person des Kaisers kam, um so unerfreulicher wurde das Dasein», hat eine der Hofdamen bemerkt.[155] Napoleon war zumeist nervös und reizbar und neigte immer mehr zu unbeherrschten Zornesausbrüchen. Je größer sein Ruhm war, je unbeschränkter seine Macht, desto übellauniger wurde er. Kaum dass man ihn einmal lachen sah. «Er trug», erinnerte sich einer seiner Polizeipräfekten von Paris, Étienne de Pasquier, «gewöhnlich nach großen Erfolgen eine sorgenvolle Miene zur Schau, als wollte er damit sagen, seine größten Pläne seien ja doch noch keineswegs ausgeführt und man möge ja nicht glauben, daß nichts mehr zu tun sei.»[156] Für den rastlosen Eroberer konnte es keine Ruhepause, keinen Stillstand geben. Mit dem Erreichten nie zufrieden, glaubte er immer neuen Erfolgen nachjagen zu müssen. So erweckte er den Eindruck eines Getriebenen, der sich in seiner Expansionslust keinerlei Beschränkungen mehr auferlegte.

Das Klima um ihn herum wurde eisig. War er früher zugänglich gewesen, bevorzugte er nun die Pose der unnahbaren Majestät. Selbst die nächsten Verwandten, einschließlich seiner Brüder, durften nicht unangesprochen das Wort an ihn richten oder ihn gar duzen. Jemand, der so misstrauisch war wie er und Menschen nur benutzte wie Figuren auf einem Schachbrett, der konnte keine Freunde haben. Selbst seine treuesten Diener behandelte er oft mit verletzender Kälte. Am ehesten fühlte er sich noch seinen alten Kriegsgefährten verbunden – nicht wenige von ihnen waren allerdings inzwischen gefallen.

Besonders gefürchtet waren die Empfänge und Feste, zu denen die hohen Würdenträger, unter ihnen auch die in ungewohnte höfische Kleidung gezwängten Generäle samt ihrer Damen, sich versammeln mussten. Niemand wagte zu sprechen, jeder wartete angstvoll auf das Erscheinen des Kaisers und hoffte inständig, von ihm nicht angesprochen zu werden.

Truppenparade in den Tuilerien. Gemälde von Joseph-Louis-Hippolyte Bellangé, 1862. Paris, Musée du Louvre

«Sobald der Ruf ‹Der Kaiser› sich vernehmen läßt, erbleichen wir; ich kenne Einige, wackere Kerle, die am ganzen Leibe zittern», beschrieb ein Marschall das Zeremoniell.[157] Napoleon, der im Unterschied zu seinem goldbetressten Gefolge die schlichte Kleidung bevorzugte – meist die blaue Uniform der Garde-Grenadiere oder den grünen Rock der Garde-Jäger –, schritt die Reihen ab, in einem wiegenden Gang, eine Hand in der Weste verborgen, und ließ, wenn er schlechte Laune hatte, hier und dort ein taktloses Wort fallen. Besonders die Frauen waren ein beliebtes Objekt seiner bösen Scherze. Wenn er endlich den Saal verlassen hatte, konnte man einen Seufzer der Erleichterung vernehmen. Die Gesichter hellten sich auf, die Atmosphäre entspannte sich, und hinter dem Rücken des Allgewaltigen war so manche anzügliche Bemerkung zu vernehmen.

Die Krise des napoleonischen Systems

Dieser Krieg muß der letzte sein, hatte Napoleon 1807 erklärt, bevor er die Entscheidung gegen die russische Armee suchte[158], doch auch nach dem Vertragswerk von Tilsit war Europa von einem dauerhaften Frieden immer noch weit entfernt. Denn sollte das System der Kontinentalsperre England wirksam treffen und am Ende in die Knie zwingen, dann musste Napoleon versuchen, alle Küsten des Kontinents für den britischen Handel zu schließen – eine Aufgabe herkulischen Ausmaßes, die immer neue Konflikte heraufbeschwor und letztlich zur imperialen Überdehnung der französischen Herrschaft führen sollte. «Der Kaiser ist verrückt, vollkommen verrückt; er richtet sich zugrunde und uns alle dazu», klagte der Marineminister Decrès 1808 im privaten Kreise.[159]

Bereits der Versuch, den Engländern den Zugang zur Ostsee zu sperren, scheiterte. Anfang September 1807 überfiel ein englisches Expeditionskorps das noch neutrale Dänemark, bombardierte die Hauptstadt Kopenhagen (wobei viele Zivilisten ums Leben kamen) und brachte die dänische Flotte in seinen Besitz. Die Passage durch den Sund blieb damit für die Briten geöffnet.

Weniger Mühe hatte Napoleon, die noch unabhängigen Staaten Italiens seinem Willen zu unterwerfen. Das Königreich Etrurien, das den Hafen von Livorno für englische Waren offen gehalten hatte, wurde Ende November 1807 kurzerhand besetzt, bald darauf mit dem Großherzogtum Toskana vereinigt, das Ende Mai 1808 dem französischen Kaiserreich einverleibt wurde. Da Papst Pius VII. wenig Neigung zeigte, sich der französischen Blockadepolitik anzuschließen, ließ Napoleon die Küste des Kirchenstaats besetzen und im Februar 1808 sogar Truppen in Rom einmarschieren. Über alle Proteste setzte er sich kühl hinweg.

Blieb noch die Iberische Halbinsel. Portugal, seit langem wirtschaftlich eng mit England verbunden, weigerte sich, der für das Land ruinösen Kontinentalsperre beizutreten. Napoleon reagierte prompt; Ende Oktober 1807 einigte er sich mit Spanien im Geheimvertrag von Fontainebleau über eine Teilung Portugals. Eine französische Armee unter dem Kommando von General Andoche Junot rückte über die Pyrenäen vor, durchquerte Spanien und zog am 30. November in Lissabon ein. Kurz zuvor hatte sich die portugiesische Königsfamilie auf einem englischen Kriegsschiff nach Brasilien begeben.

Napoleon hatte freilich, als er Portugal besetzen ließ, bereits ein weiter gehendes Ziel im Auge: Er wollte nun auch Spanien seiner Herrschaft einverleiben, und die Handhabe dazu bot ihm ein innerer Zwist in der spanischen Bourbonen-Dynastie. König Karl IV. war ein glückloser Herrscher, die Politik überließ er der Königin, die ein Verhältnis mit dem ersten Minister Manuel de Godoy hatte. Kronprinz Ferdinand verabscheute seine Eltern und trachtete danach, sich in den Besitz der Krone zu bringen. Ein von ihm angezettelter Komplott gegen Godoy flog auf; der Thronfolger wurde gefangen gesetzt. Am 17. März 1808 jedoch erzwangen Anhänger des Kronprinzen in Madrid den Sturz Godoys und die Abdankung Karls IV. Sein Sohn bestieg als Ferdinand VII. den Thron.

Für Napoleon, der die französische Truppenpräsenz in Spanien fortlaufend erhöht hatte, war damit der Zeitpunkt zum Handeln gekommen. Unter dem Vorwand, im Familienstreit schlichten zu wollen, bestellte er den alten und den neuen spanischen König Anfang Mai 1808 nach Bayonne. Und was er hier inszenierte, war ein machiavellistisches Manöver, das an Skrupellosigkeit kaum zu überbieten war. Zunächst zwang er Ferdinand, die Macht an seinen Vater zurückzugeben, und kaum war Karl IV. wieder als rechtmäßiger König eingesetzt, legte dieser auch schon die Krone «vertrauensvoll» in die Hände des französischen Kaisers. Der reichte sie, nachdem sein Bruder Louis abgelehnt hatte, an den Ältesten der Familie, Joseph, weiter. Marschall Murat, der Befehlshaber der Truppen in Spanien, übernahm das Königreich Neapel.

Doch Napoleon hatte die Rechnung ohne die Spanier gemacht. Er glaubte, dass sich das stolze Volk mit der französischen Herrschaft abfinden würde, wenn es erst einmal in den Genuss der fortschrittlichen Verfassung kommen würde, die Joseph als Morgengabe mit nach Madrid brachte. *Die Spanier sind wie die anderen Völker*, bemerkte er. *Sie werden nur allzu glücklich sein, die kaiserlichen Institutionen anzunehmen.*[160] Doch stattdessen griffen die Spanier, angeführt von Priestern und Aristokraten, zu den Waffen. Bald war das ganze Land in Aufruhr. Zum ersten Mal stießen die Franzosen auf den erbitterten Widerstand fast einer ganzen Nation. Zunächst unterschätzte Napoleon die Gefahr, die davon für ihn und sein gesamtes System ausging. *Alle Zusammenläufe des Pöbels machen viel Lärm von sich, aber bis jetzt zeigen sie die größte Feigheit*, erklärte er geringschätzig Mitte Juni 1808.[161] Das böse Erwachen kam wenig später. Am 22. Juli musste sich General Pierre Dupont mitsamt einer ganzen Armee bei Bailén am Fuße der Sierra Morena den Aufständischen ergeben. Joseph verließ fluchtartig Madrid.

Unterdessen war ein englisches Expeditionskorps unter General Arthur Wellesley – dem späteren Herzog von Wellington – in Portugal an Land gegangen. Ende August 1808 zwang es Junot bei Cintra zur Kapitulation. Eine doppelte Niederlage, die in ganz Europa widerhallte, schien sie doch zu beweisen, dass die napoleonischen Armeen nicht mehr unbesiegbar waren. Und: Die Kontinentalsperre war an einer entscheidenden Stelle wieder aufgebrochen. In einem jähen Wutanfall soll Napoleon eine Porzellankaraffe zu Boden gescheudert haben, als ihm die Nachricht über die Katastrophe von Bailén überbracht wurde.[162]

Der Kaiser der Franzosen begann einzusehen, dass er sich mit dem Raub der spanischen Krone ein Problem eingehandelt hatte, das sein eigenes militärisches Engagement auf der Halbinsel erforderlich machte. Doch bevor er mit der Grande Armée nach Westen aufbrach, musste er sich Sicherheit verschaffen, dass keine der besiegten Mächte in seinem Rücken die Situation für eine Revanche ausnutzte. Aus Wien hatte er alarmierende Berichte bekommen, die darauf hindeuteten, dass Österreich, kaum dass es sich von seiner letzten Niederlage erholt hatte, erneut für einen Krieg gegen Frankreich rüstete.

Alles kam darauf an, wie sich Russland verhalten würde. Um sich der in Tilsit geschlossenen Allianz zu versichern, lud er Zar Alexander I. für Ende September 1808 zu einem Treffen nach Erfurt ein, an dem auch die Rheinbundfürsten, allerdings nur in einer unrühmlichen Statistenrolle, teilnahmen. Noch vor seiner Abreise nach Erfurt hatte Napoleon seine Absicht deutlich gemacht: *Ich will, wenn ich von dort zurückkehre, in Spanien freie Hand haben, und sicher sein, daß Österreich im Zaum gehalten werde.*[163] Während des über zweiwöchigen Aufenthalts in der thüringischen Stadt bemühte sich Napoleon, alle Register zu ziehen, um den Zaren zu beeindrucken. Die Comédie française glänzte mit dem Repertoire der französischen Tragödien, und als der berühmte Schauspieler François Joseph Talma die Verse aus Voltaires «Oedipus» deklamierte: «Die Freundschaft eines großen Mannes ist / Geschenk der Götter!», erhob sich Alexander und ergriff Napoleons Hand, worauf sich beide Herrscher unter lebhaftesten Beifallsbekundungen des Publikums in die Arme fielen.

Doch wer genauer hinsah, konnte hinter der demonstrativ bekundeten Einmütigkeit die ersten Risse wahrnehmen. Der Zar verhielt sich, anders als noch in Tilsit, gegenüber dem Werben Napoleons sehr viel reservierter, und er wurde darin bestärkt durch keinen anderen als Talleyrand. Es war zweifellos ein großer Fehler Napoleons, dass er den ehemaligen Außenminister mitnahm, denn der nutzte die Gelegenheit, um Alexander vor dem zügellosen Imperialismus Bonapartes zu warnen: «Retten Sie Europa, indem Sie Napoleon die Stirn bieten.»[164] Dazu war es freilich aus der Sicht des russischen Herrschers noch zu früh. Er wollte Zeit gewinnen in der Hoffnung, dass, je mehr französische Kräfte in Spanien gebunden sein würden, der Spielraum des Zarenreiches gegenüber der Hegemonialmacht sich vergrößern werde. Bereits im erneuerten Allianzvertrag vom 12. Oktober konnte er Zugeständnisse durchsetzen: Russland durfte sich Finnland einverleiben und bekam die Donauprovinzen Moldau und Walachei zugesprochen; außerdem erreichte es, dass die Preußen auferlegte Kriegskontribution ermäßigt wurde. Dafür handelte sich Napoleon nur die unbestimmte Zusicherung des Zaren ein, Frankreich im Falle eines österreichischen Angriffs zu unterstützen. Für den erfolgsverwöhnten französischen Kaiser kam dieses Ergebnis einer diplomatischen Niederlage gleich. Als die beiden Herrscher am 14. Oktober auseinander gingen, war Napoleon ungewöhnlich ernst und in sich gekehrt. Ahnte er bereits, dass es ihre letzte Begegnung gewesen sein würde?

Am Rande des Erfurter Fürstentages, am 2. Oktober, empfing Napoleon auch Goethe zu einer Audienz. Der Weimarer Dichterfürst zeigte sich stark beeindruckt. «Ich will gerne gestehen, daß mir in meinem Leben nichts Höheres und Erfreulicheres begegnen konnte, als vor dem französischen Kaiser, und zwar auf eine solche Weise zu stehen», schrieb er an seinen Verleger Cotta.[165] Napoleon begrüßte Goethe mit den Worten *Vous êtes un homme!* und unterhielt sich mit ihm über den «Werther», den er in seiner Bibliothek stets mit sich führte. Goethe fühlte sich geschmeichelt, doch für Napoleon, der nichts zweckfrei tat, ging es offensichtlich darum, einmal mehr zu beweisen, dass er, der Gott des Krieges, auch ein Mann des Geistes war.

Mit dem Feldzug gegen Spanien, zu dem er Ende Oktober 1808 aufbrach, wollte Napoleon demonstrieren, dass Widerstand gegen ihn zwecklos sei. Er bot seine besten Truppen auf, kampferprobte Regimenter, darunter auch die Garde, insgesamt nahezu 200 000 Mann. Dieser Übermacht waren die regulären spanischen Verbände nicht gewachsen. Wo immer sie sich zum Kampf stellten, wurden sie geschlagen und auseinander gesprengt. Am 4. Dezember zog Napoleon in Madrid ein, im Schlepptau seinen Bruder Joseph, den er trotz erwiesener Unfähigkeit auf den spanischen Thron zurückbefahl. Mit eilends erlassenen Dekreten versuchte er die Stimmung in der Bevölkerung zu wenden. Die Inquisition sowie die noch bestehenden Feudalrechte wurden aufgehoben, zwei Drittel der Klöster abgeschafft. Lockungen verbanden sich mit Drohungen: *Sind aber alle meine Bemühungen vergebens und rechtfertigt*

Joseph Bonaparte, König von Spanien – der Bruder Napoleons. Zeitgenössisches Gemälde von François Pascal Simon Gérard. Château de Fontainebleau

ihr nicht mein Vertrauen, dann bleibt mir nur übrig, euch auch fortan als eroberte Provinz zu behandeln.[166]

Doch abermals hatte sich Napoleon verrechnet. In offener Feldschlacht hatte seine Strategie triumphiert, sie versagte jedoch vor einem Phänomen, das sich nun zum ersten Mal in Spanien zeigte und zum Vorbild aller nationalen Befreiungsbewegungen bis weit ins 20. Jahrhundert werden sollte: dem Guerillakrieg, also dem Kampf kleiner Einheiten, die aus dem Hinterhalt operieren, um den Gegner ständig in Atem zu halten und ihn allmählich zu zermürben. Dieser Kleinkrieg wurde von beiden Seiten mit unerhörter Grausamkeit geführt – die Bilder Francisco de Goyas vermitteln davon eine Vorstellung. Als sich Napoleon Anfang des Jahres 1809 entschloss, nach Paris zurückzukehren, war Spanien noch keineswegs befriedet, im Gegenteil: Der Widerstand war ungebrochen, ein Ende des Kriegs nicht abzusehen. Das ungelöste spanische Problem «sollte gleichsam zur schwärenden Wunde am Körper seines Reichs, zum Grabe seiner besten Armeen werden»[167].

Wäre es angesichts dieser Lage nicht ratsamer gewesen, das ganze Unternehmen abzubrechen und sich von der Iberischen Halbinsel zurückzuziehen? Für Napoleon hätte ein solcher Schritt das Eingeständnis eines schweren Fehlers bedeutet, und den damit verbundenen Ansehensverlust glaubte er sich nicht leisten zu können. *Bedenken Sie doch meine Lage*, hatte er bereits im September 1808 dem österreichischen Gesandten, Karl Freiherr von Vincent, offenbart. *Ich bin ein Usurpator; um bis dahin zu gelangen, mußte ich den besten Kopf und den besten Degen von Europa haben. Und um mich nun zu halten, muß jedermann ferner davon überzeugt sein. Ich darf das Ansehen dieses Kopfes und dieses Degens niemals sinken lassen!*[168] Bevor er am 17. Januar 1809 Spanien verließ, mahnte er seinen Bruder Joseph zur *Strenge gegen den Pöbel: Die Kanaille liebt und achtet nur die, welche sie fürchtet, und diese Furcht des Pöbels kann Sie allein bei der ganzen Nation beliebt machen.*[169] Die alte, aus der Zeit der Revolution herrührende Verachtung der Volksmassen sprach aus diesen Zeilen und zugleich eine profunde Unkenntnis, was die Wurzeln und die Breite des nationalen Widerstands in Spanien anging.

Zwei Gründe veranlassten Napoleon zur überstürzten Rückkehr nach Paris: zum einen die forcierte Aufrüstung Österreichs, die einen neuen Krieg wahrscheinlich machte; zum anderen eine politische Intrige in der französischen Hauptstadt, von der der stets misstrauische Kaiser Wind bekommen hatte. Danach sollten Talleyrand und Fouché, die einst heftig Verfeindeten, sich verbündet und für den Fall, dass Napoleon nicht aus Spanien zurückkehren würde, bereits auf einen Nachfolger verständigt haben. Am 28. Januar 1809, nachdem er Informationen eingeholt hatte, machte Napoleon Talleyrand vor seinen versammelten Ratgebern eine heftige Szene. *Dieb!*

Dieb! Sie sind nichts als ein Dieb!, schrie er. *Ihnen ist nichts heilig. Sie würden selbst Ihren Vater verkaufen.* Talleyrand ließ sich durch die Schimpfkanonade nicht im Mindesten aus der Fassung bringen, und das brachte den Wütenden erst recht auf. Er könne ihn zerbrechen wie Glas, drohte Napoleon seinem einstigen Außenminister, er habe die Macht dazu, doch verachte er ihn zu sehr, um sich diese Mühe zu machen. Und dann der letzte, vernichtende Satz: *Sie sind nur Scheiße in einem Seidenstrumpf.* «Wie schade, dass ein so großer Mann so schlecht erzogen ist», bemerkte Talleyrand hinterher.[170] Dass es Napoleon bei seinen Drohungen beließ, ohne ihnen Taten folgen zu lassen, war ein Zeichen der Schwäche. Der Kaiser glaubte offenbar, ein hartes Durchgreifen nicht mehr riskieren zu können, zumal zu einem Zeitpunkt, da ihm durch Österreich ernsthafte Gefahr drohte.

In Wien hatte sich inzwischen die Kriegspartei unter dem leitenden Minister Johann Philipp Graf von Stadion durchgesetzt. Sie hielt Napoleons Position durch die Misserfolge in Spanien für so geschwächt, dass sie sich gute Chancen ausrechnete. Am 10. April 1809 eröffnete Österreich den neuen Feldzug mit einem Vorstoß nach Bayern, und im Unterschied zu 1805 war dieser Krieg populär. Die patriotische Begeisterung schlug hohe Wellen, über die Grenzen der Habsburger Monarchie hinaus. Ein Aufruf des österreichischen Oberbefehlshabers, des Erzherzogs Karl, nahm diese Stimmung auf und verband die Aufforderung zum Widerstand gegen die Franzosen mit nationaler Befreiungsrhetorik: «Nicht bloß für seine Selbständigkeit, sondern für Deutschlands Unabhängigkeit und Nationalehre» habe Österreich das Schwert ergriffen.[171] Doch die Hoffnung auf eine allgemeine Erhebung trog. Die Rheinbundfürsten hüteten sich, gegen ihren Protektor aufzustehen, und der preußische König Friedrich Wilhelm III. wahrte, obwohl von seinen Ratgebern zum Anschluss an Österreich gedrängt, strikte Neutralität. Wohl gab es in einigen Regionen Proteste und Unruhen – die breitesten in Tirol, wo sich die Bauern unter Führung Andreas Hofers gegen die neuen bayerischen Herren und deren französische Verbündete auflehnten –; doch blieben diese Bewegungen weitgehend isoliert. Der Tiroler Aufstand wurde blutig niedergeworfen, Hofer im Februar 1810 in Mantua auf Geheiß Napoleons erschossen. Dasselbe Schicksal erlitt der preußische Major Ferdinand von Schill, der im April 1809 mit seinem Regiment von Berlin aufbrach, um einen Volksaufstand im Königreich Westfalen zu entfachen. Auch diese und weitere ähnliche Aktionen scheiterten daran, dass sie zu wenig Rückhalt in der Bevölkerung fanden. Noch war die Zeit nicht reif für eine große Volkserhebung; die bedrückenden Aspekte der napoleonischen Herrschaft mussten erst noch deutlicher hervortreten.

Für Napoleon kam die österreichische Kriegserklärung früher als erwartet. Wie immer reagierte er ungewöhnlich schnell. Nur vier Tage und Nächte brauchte er, um von Paris nach Donauwörth an den Schauplatz des Kampfes zu eilen. Freilich, die Truppen, die er dort hatte zusammenziehen lassen, besaßen nicht mehr die Kampfkraft seiner alten, ruhmreichen Armee. Zur Hälfte setzten sie sich aus ausländischen Hilfskontingenten zusammen, die weniger motiviert waren als die französischen Verbände. Bei diesen wiederum handelte es sich überwiegend um junge, schlecht ausgebildete Rekruten. Dennoch bewährte sich noch einmal Napoleons überragendes strategisches Geschick. In einer Serie von Gefechten schlug der die Truppen des Erzherzogs Karl zurück. Am 12. Mai 1809 zog er zum zweiten Mal in die österreichische Hauptstadt ein – die Wiener bereiteten ihm einen eisigen Empfang.

Von Schloss Schönbrunn aus verfügte Napoleon am 17. Mai die Annexion des Kirchenstaats – ein Schritt, der den Konflikt mit Pius VII. auf die Spitze trieb. Der Papst antwortete mit der Exkommunikation des französischen Kaisers, worauf dieser ihn gefangen nehmen und nach Grenoble, später Savona an der Riviera bringen und unter Hausarrest stellen ließ.

Die Hauptmasse des österreichischen Heeres hatte, nachdem alle Donaubrücken zerstört worden waren, auf der Wien gegenüberliegenden Seite des Flusses Stellung bezogen. Als die Franzosen versuchten, von der Insel Lobau im Südosten aus den Übergang zu erzwingen und die Österreicher zur Schlacht zu stellen, wurden sie am 21./22. Mai beim Dorf Aspern zurückgedrängt. Marschall Lannes, einer der fähigsten Generäle, fiel.

Zum ersten Mal hatte Napoleon selbst eine Niederlage zu verantworten; die Kunde von dieser Sensation verbreitete sich in Windeseile, und auch die sofort einsetzende Gegenpropaganda vermochte den verheerenden Eindruck nicht wettzumachen.

Für einen Mann, dessen ganze politische Existenz auf der Fähigkeit beruhte, von einem militärischen Sieg zum nächsten zu eilen, war der Prestigeverlust groß. Immerhin gelang es dem Kaiser sechs Wochen später, am 5./6. Juli, bei Wagram die Scharte noch einmal auszuwetzen. Das österreichische Heer erlitt schwere Verluste, aber auch die Franzosen mussten einen hohen Blutzoll zahlen. Am 12. Juli bat Wien um Waffenstillstand. Nach zähen Verhandlungen wurde am 14. Oktober 1809 in Schönbrunn der Friedensvertrag unterzeichnet.

Wieder bekam Österreich harte Bedingungen auferlegt: Es musste Salzburg und das Innviertel an Bayern abtreten; der größte Teil Galiziens fiel an das Großherzogtum Warschau; Russland erhielt, obwohl es sich aus dem Krieg herausgehalten hatte, einen Streifen in Ostgalizien. Frankreich sicherte sich den Villacher Kreis, Krain, Istrien mit Triest und einen Teil Kroatiens – Gebiete, die zu den «Illyrischen Provinzen» zusammengeschlossen wurden.

Noch nie, wurde aus der Umgebung des Kaisers berichtet, habe man Napoleon so düster und reizbar erlebt wie in den Tagen von Schönbrunn. Er spürte, dass auch mit seinem neuerlichen Sieg die Fundamente seiner Macht nicht stabiler geworden waren. Als ein warnender Fingerzeig musste ihm erscheinen, dass wenige Tage vor dem Friedensschluss, während einer Parade, ein junger Deutscher mit Namen Friedrich Staps sich an ihn herangedrängt hatte, offensichtlich in der Absicht, ihn zu erstechen. Napoleon ließ den Attentäter, Sohn eines protestantischen Pfarrers in Naumburg, zu sich bringen, und es entspann sich ein Dialog:

Warum wollten Sie mich töten?

«Weil Sie das Unglück meines Landes sind.»

Habe ich Ihnen denn ein Leid zugefügt?

«Wie allen Deutschen.»

Von wem sind Sie abgesandt? Wer hat Sie zu diesem Verbrechen verleitet?

«Niemand. Nur die innerste Überzeugung, daß ich, wenn ich Sie töte, meinem Vaterlande und ganz Europa den größten Dienst erweise, hat mir die Waffe in die Hand gedrückt.»

Napoleon versprach, dem jungen Mann das Leben zu schenken, wenn er ihn um Verzeihung bitte und seine Schuld bereue. Doch Staps lehnte ab: «Sie zu töten ist kein Verbrechen, sondern eine Pflicht.»[172] Der Attentäter wurde am 16. Oktober 1809 hingerichtet. Bereits zuvor hatte Napoleon Fouché angewiesen, dass über den Fall nichts an die Öffentlichkeit dringen dürfe.[173] Er fürchtete wohl, Staps könne zum Märtyrer der Patrioten in Deutschland werden und sein Attentatsversuch Nachahmer finden.

Napoleon war gerade erst 40 Jahre alt und hatte doch, ohne dass ihm das bewusst war, den Zenit seiner Laufbahn bereits überschritten. Überall zeigten sich die Symptome einer tief greifenden Krise des von ihm errichteten Systems. Spanien blieb die Achillesferse, aber auch in Deutschland war das Nationalgefühl zu einer Kraft geworden, die sich nicht mehr unterdrücken ließ. Zu seinen Wortführern machten sich Publizisten, Schriftsteller, Professoren – der Rheinländer Joseph Görres etwa, Dozent an der Heidelberger Universität, während der «Befreiungskriege» einer der wirkungsvollsten Ankläger Napoleons, die Dichter der politischen Romantik August und Friedrich Schlegel, der Philosoph an der Berliner Universität Johann Gottlieb Fichte, der im Winter 1807/08 mit seinen «Reden an die deutsche Nation» eine große Zuhörerschaft gefunden hatte. Der deutsche Nationalismus entzündete sich im Widerstand gegen die napoleonische Fremdherrschaft. Das hat ihm von Beginn an Züge eines übersteigerten Sendungsbewusstseins eingeprägt, für das die Schriften Ernst Moritz Arndts und des «Turnvaters» Friedrich Ludwig Jahn ebenso charakteristisch waren wie Heinrich von Kleists Drama «Die Hermannsschlacht» aus dem Jahr 1808. Seinem giftigen Hass auf den Franzosenkaiser gab Kleist auch in dem Gedicht «Germania an ihre Kinder» von 1809 Ausdruck: «Schlagt ihn tot, das Weltgericht / fragt Euch nach den Gründen nicht.»[174]

> Frage: Was hältst du von Napoleon, dem Korsen, dem berühmten Kaiser der Franzosen? [...] Antwort: Für einen verabscheuungswürdigen Menschen; für den Anfang alles Bösen und das Ende alles Guten; für einen Sünder, den anzuklagen die Sprache der Menschen nicht hinreicht, und den Engeln einst, am jüngsten Tage, der Odem vergehen wird.
> **Heinrich von Kleist: Katechismus der Deutschen (1809)**

Auch in Frankreich selbst mehrten sich die Zeichen der Unzufriedenheit mit Napoleons Herrschaft. Die Zahl der Rekruten, die sich dem Wehrdienst zu entziehen suchten, nahm beständig zu, und auch Fahnenflucht, eigentlich eine typische Erscheinung in den fürstlichen Söldnerheeren, war nun in der napoleonischen Armee keine Seltenheit mehr. Das französische Volk war kriegsmüde, und viele fragten sich, ob denn die Feldzüge niemals aufhörten.

Napoleon verlor an Popularität, und dass er sich im Dezember 1809 von der beliebten Joséphine scheiden ließ, um nur wenige Monate später um die Hand der erst achtzehnjährigen österreichischen Kaisertochter Marie Louise anzuhalten, trug auch nicht dazu bei, seine Beliebtheit wieder zu heben. Bonaparte hoffte, mit diesem Coup zwei Probleme auf einmal lösen zu können: Zum einen sollte ihm die neue Ehe endlich zu dem ersehnten Thronerben verhelfen; zum anderen spekulierte er darauf, dass die Einheirat in eine der ältesten europäischen Fürstenfamilien seine eigene Dynastie festigen und vom Makel der fehlenden Legitimität befreien könne. Das erste Ziel erreichte Napoleon in gewohntem Eiltempo: Bereits am 20. März 1811 kündeten Kirchenglocken und Salutschüsse die Geburt eines Prinzen an, der den Titel «König von Rom» erhielt. Von dem zweiten Ziel aber blieb Bonaparte weit entfernt. Und: Die Pariser waren über die neue «Österreicherin» alles andere als begeistert, erinnerten sie sich doch noch an die alte, die verhasste Marie Antoinette, die im Oktober 1793, einige Monate nach ihrem Gatten Ludwig XVI., ihren Kopf unter die Guillotine hatte legen müssen.

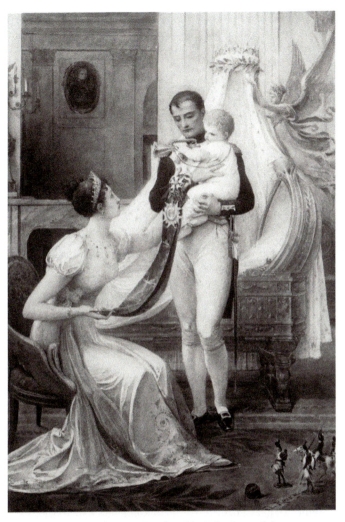

Napoleon mit seiner zweiten Frau Marie Louise und dem Sohn François Charles Joseph. Gemälde von Lionel Royer

Am negativsten aber schlug für Napoleon das Scheitern der Blockade zu Buche. Zwar wurde die englische Wirtschaft stark in Mitleidenschaft gezogen. Die Industrieproduktion ging zurück, die Löhne sanken, Arbeiter revoltierten und zerstörten Maschinen. Doch schon bald konnte sich das Inselreich dank seiner absoluten Seeherrschaft neue Märkte, vor allem in Lateinamerika, erschließen und damit einen Teil der Exportverluste auf dem europäischen Kontinent ausgleichen.

Überdies gelang es Napoleon trotz verschärfter Sanktionen nicht, den Schmuggel zu unterbinden. Im Mittelmeer war vor allem Malta der Umschlagplatz für englische Waren, in der Nordsee die Insel Helgoland, die England im September 1807 besetzt hatte. Um den blühenden Schleichhandel wirksamer einzudämmen, entschloss sich Napoleon, weitere Gebiete zu annektieren: 1810 verleibte er Holland in das Kaiserreich ein, nachdem er seinen Bruder Louis zur Abdankung gezwungen hatte. Bald darauf folgte die Angliederung des Herzogtums Oldenburg, eines Teils des Großherzogtums Berg und des Königreichs Westfalen sowie des norddeutschen Küstengebiets mit den Hansestädten Hamburg, Bremen und Lübeck. Der napoleonische Machtbereich erlebte seine größte Ausdehnung, doch stabiler wurde er dadurch nicht, im Gegenteil.

Immer deutlicher bekamen auch die französische Wirtschaft und Bevölkerung die Auswirkungen der Kontinentalsperre zu spüren. Während einige Zweige der Industrie durch die Befreiung von der englischen Konkurrenz profitierten, litten die großen Hafenstädte unter der Einschränkung des Handels und die Bauern darunter, dass sie ihre Überschüsse nicht mehr exportieren konnten. Es mangelte überdies nicht nur an den gewohnten Nahrungsmitteln, die zuvor aus den Kolonien importiert worden waren – Zucker, Kaffee, Tee –, sondern auch an bestimmten Rohstoffen wie Baumwolle. Deshalb führte Napoleon 1810 ein «Lizenzsystem» ein, das es französischen Schiffseignern erlaubte, Getreide, Wein und Spirituosen nach England auszuführen unter der Bedingung, dass sie in Höhe des gleichen Werts Kolonialwaren und andere benötigte Güter einführten. Auf diese Weise hielt Frankreich «einen bescheidenen Warenaustausch mit England gleichsam hinter vorgehaltener Hand» aufrecht[175], während es gleichzeitig den Vasallenstaaten eben solchen Handel verbot. Das machte böses Blut, aber Napoleon setzte sich über alle Kritik hinweg. *Mein Grundsatz ist: Frankreich vor allem*, erklärte er im April 1810.[176]

Trotzdem wurde das Land 1810 von einer schweren Finanzkrise heimgesucht, die zahlreiche Konkurse nach sich zog und das Vertrauen in die Solidität der Wirtschaftspolitik erschütterte. Im Jahr darauf kam eine Missernte hinzu, die den Brotpreis – der neuralgische Posten im Budget der kleinen Leute – in die Höhe trieb. Napoleon persönlich sorgte dafür, dass die Teuerung in Paris sich in Grenzen hielt, doch in einigen Städten der Provinz, in Caen und Rennes, kam es zu Unruhen, die durch Militär niedergeschlagen wurden.[177] All das kostete Bonaparte Sympathien, dennoch blieb, aufs Ganze gesehen, seine Autorität gerade in den unteren Schichten der Bevölkerung, bei Bauern, Handwerkern, Arbeitern, unangefochten, während die Hauptnutznießer seines Regimes, die Industriebourgeoisie und die neue Aristokratie, sich von ihm abzuwenden begannen.

Ungeachtet aller Schwierigkeiten wälzte Napoleon neue, phantastische Pläne in seinem Kopf, die ihn weit über den europäischen Kontinent hinauswiesen. In einem Brief an Zar Alexander I. von Anfang Februar 1808 hatte er den Gedanken an einen Zug nach Indien wieder aufgegriffen, den er bereits während der Ägypten-Expedition 1798/99 ventiliert hatte, und dafür eine gemeinsame Operation vorgeschlagen: *50000 Mann, Franzosen, Russen, vielleicht auch etwas Österreicher, werden sich über Konstantinopel und Asien werfen, und sind sie nur erst am Euphrat angelangt, so wird England vor dem Kontinent auf die Knie gehen.*[178] Auf die Idee kam er in den folgenden Jahren immer wieder zurück; allerdings schloss er dabei bald Russland als Partner aus seinen Kombinationen aus. Der Indienzug wurde zum lockenden Fernziel seiner Weltherrschaftsträume – wenn er erst einmal ganz Europa unter seine Gewalt gezwungen hätte. Im Frühsommer 1811 äußerte er gegenüber einem bayerischen General: *Noch drei Jahre, und ich bin Herr des Universums.*[179] Nur drei Jahre später war es mit seiner Herrlichkeit vorbei, lag sein Traum vom Weltreich in Trümmern.

Der Untergang

Meine Gefühle für Sie sind wie die mein Reich leitenden politischen Grundsätze unveränderlich, beteuerte Napoleon in einem Brief an Zar Alexander I. vom Mai 1810. *Ich bitte Eure Majestät, niemals an meiner Freundschaft und Hochachtung zu zweifeln!*[180] Das war nichts weiter als eine in diplomatische Sprache verkleidete Heuchelei. Denn zu diesem Zeitpunkt war der viel beschworene «Geist von Tilsit» längst verflogen. Die Beziehungen zwischen Frankreich und Russland verschlechterten sich von Monat zu Monat, und alles deutete darauf hin, dass es über kurz oder lang zu einem Bruch zwischen den beiden Mächten kommen würde.

Hauptursache der Spannungen war die Weigerung des Zaren, sich vorbehaltlos der gegen England verhängten Kontinentalsperre anzuschließen. Die russische Wirtschaft war auf den Export von Getreide, Hanf und Holz nach England in gleicher Weise angewiesen wie auf den Import englischer Kolonial- und Industrieprodukte. Die von Frankreich beherrschten Märkte konnten keinen hinreichenden Ersatz für den Handel mit dem Inselreich bieten. Deshalb erließ Alexander I. Ende 1810 einen Ukas, der neutralen Schiffen, die mit englischen Waren beladen waren, die Landung in russischen Häfen erlaubte und gleichzeitig französische Luxusartikel mit hohen Zöllen belegte. Damit war das napoleonische Kontinentalsystem an einem empfindlichen Punkt getroffen, was den französischen Kaiser zu einem wütenden Protest veranlasste. Er sehe nun, beschwerte er sich in Sankt Petersburg, dass ihm der Zar seine Freundschaft entzogen habe und im Begriff sei, sich mit England zu arrangieren. *Haben Eure Majestät einmal das Bündnis aufgegeben und den Tilsiter Vertrag gebrochen, so ist es offenbar, daß einige Monate früher oder später der Krieg ausbricht.*[181] Umgekehrt aber hatte auch der russische Zar Grund genug, mit der Haltung Napoleons unzufrieden zu sein. Die Annexion des Großherzogtums Oldenburg, dessen Herrscher ein Schwager des Zaren war, im Februar 1811 betrachtete Alexander als einen gezielten Affront, und noch mehr beunruhigte ihn die Vorstellung, Frankreich könne das um galizische Gebiete vergrößerte Herzogtum Warschau in die Unabhängigkeit entlassen. Die beharrliche Weigerung Napoleons, einen Vertrag zu ratifizieren, in dem er ausdrücklich auf die Wiederherstellung eines Königreichs Polen verzichtete, bestärkte ihn in dieser Befürchtung. Es war offenkundig, dass sich der Kaiser die Sympathien der Polen für den Fall einer Auseinandersetzung mit dem Zarenreich bewahren wollte.

Das ganze Jahr 1811 und die erste Hälfte des Jahres 1812 waren mit den Bemühungen beider Seiten ausgefüllt, sich diplomatisch wie militärisch auf den kommenden Krieg vorzubereiten. Napoleon begann ein riesiges Heer zusammenzuziehen. Er verpflichtete die Rheinbundfürsten, ihm noch größere Kontingente bereitzustellen als bisher. Sollten sie sich weigern, drohte er in einem Brief an König Friedrich von Württemberg, so würden *sie ihrem Verderben entgegengehen. Denn ich will lieber Feinde haben als zweifelhafte Freunde.*[182] Massiven Druck, sich der Kriegskoalition gegen Russland anzuschließen, übte der Kaiser auch in Berlin und Wien aus. Aus Furcht vor einer neuen militärischen Schlappe schloss Friedrich Wilhelm III. im Februar 1812 ein Schutz- und Trutzbündnis mit Frankreich, in dem er sich verpflichtete, 20 000 Mann zur Verfügung zu stellen und französische Truppen ungehindert durch preußisches Gebiet ziehen zu lassen. Im März 1812 erklärte auch Österreich sich bereit, im Krieg gegen Russland sich mit einem Kontingent von 30 000 Soldaten zu beteiligen.

Dagegen blieb Napoleons Werben um Schweden ohne Erfolg. Verärgert über die Besetzung Schwedisch-Pommerns durch die Franzosen im Frühjahr 1812, ging der schwedische Kronprinz Jean-Baptiste Bernadotte, der ehemalige französische Marschall und Schwager von Napoleons Bruder Joseph, im April 1812 ein Bündnis mit Alexander I. ein. Überdies gelang es dem Zaren, einen Frieden mit der Türkei zustande zu bringen, der nach jahrelangen Kämpfen Ruhe an der Südflanke seines Reichs brachte. So konnte sich Russland ganz auf die bevorstehende Auseinandersetzung mit Frankreich konzentrieren.

675 000 Soldaten ließ Napoleon im Laufe des Frühjahrs an der Grenze Russlands aufmarschieren – die größte Streitmacht, die Europa je gesehen hatte: Nur die Hälfte kam aus den französischen Departements (davon wiederum nur der geringere Teil aus dem Kerngebiet Frankreichs), die andere Hälfte aus den von Napoleon unterjochten Nationen. Die Versorgung einer so gewaltigen Armee warf enorme Probleme auf. Napoleon ließ große Vorratslager und Munitionsdepots anlegen; er kümmerte sich, wie jedes Mal vor einem Feldzug, um das kleinste Detail.

Man rechnete mit einer Kriegsdauer von nur wenigen Wochen; doch es fehlte auch nicht an warnenden Stimmen. Der französische Botschafter in Sankt Petersburg Armand Augustin Caulaincourt, der im Februar 1811 von seinem Posten abberufen wurde, machte den Kaiser in einer denkwürdigen Unterredung Anfang Juni 1811 auf die Gefahren eines Feldzugs gegen Russland aufmerksam. Sein Land sei groß, hatte ihm Alexander I. gesagt, und man werde es so lange wie möglich vermeiden, Napoleon auf dem Schlachtfeld entgegenzutreten, vielmehr ihn immer weiter ins Innere locken und ihn dadurch von seinen Hilfsquellen abschneiden. Einen Frieden werde er, der Zar, nicht schließen. «Unser Klima, unser Winter werden für uns kämpfen. Wunder geschehen bei euch nur dort, wo der Kaiser steht. Er kann aber nicht überall sein, er kann nicht jahrelang von Paris fernbleiben!»[183]

Doch Napoleon schlug alle Warnungen in den Wind. Auch wenn ihn gelegentlich selbst Zweifel überkommen mochten, glaubte er, der Entscheidung nicht ausweichen zu können. Man hat darüber spekuliert, ob vielleicht unbewusst ein selbstzerstörerischer Trieb in ihm wirksam gewesen sei.[184] Wie auch immer – kühle Berechnung allein war es nicht, die ihn das Wagnis des Feldzugs unternehmen ließ. Vielmehr mischte sich in das rationale Kalkül, über Russlands Niederlage endlich England in die Knie zwingen zu können, auch Irrationales. Denn längst hatte der Gedanke von ihm Besitz ergriffen, dass er den Weg, den ihm die «Vorsehung» bestimmt habe, bis zu Ende gehen müsse. *Ich fühle mich*, sagte er in jener Zeit der Vorbereitung des Unternehmens, *nach einem Ziel hingetrieben, das ich nicht kenne. Wenn ich es erreicht haben werde, wird ein Atom genügen, mich niederzuwerfen. Bis dahin vermögen alle Anstrengungen der Menschen nichts gegen mich.*[185]

> Ich habe meine Bestimmung noch nicht erfüllt; ich will beenden, was kaum begonnen. […] Aus allen Völkern Europas muß ich ein Volk und aus Paris die Hauptstadt der Welt machen.
>
> Napoleon zu Fouché,
> Dezember 1811

Am 24. Juni 1812 überschritt die Große Armee auf drei Pontonbrücken den Njemen, ohne auf Gegenwehr zu stoßen. Es geschah genau das, was die Warner prophezeit hatten. Die russischen Truppen wichen vor der feindlichen Übermacht zurück, und so energisch Napoleon auch den Vormarsch vorantrieb, es gelang ihm nicht, den Gegner zur Schlacht zu stellen. Zugleich musste er ohnmächtig mit ansehen, wie sich die Reihen seiner stolzen Armee lichteten. Tausende blieben täglich zurück, sei es aus Erschöpfung oder aus Kriegsunlust. Gerade in den nichtfranzösischen Kontingenten war die Zahl der Nachzügler und Deserteure groß.

Die bisherige napoleonische Strategie, die Truppen aus dem Lande zu ernähren, funktionierte diesmal nicht, weil die Russen auf ihrem Rückzug die Taktik der verbrannten Erde anwandten. Je weiter aber die französischen Heere vordrangen, desto schwieriger wurde es, rechtzeitig Nachschub heranzuschaffen. Pferde, die keinen Hafer mehr bekamen, gingen zu Zehntausenden ein. «Alle Straßen liegen voller toter Pferde, welche bei der jetzt eingetretenen Hitze weithin einen fürchterlichen Geruch verbreiten», schrieb der bayerische Maler Albrecht Adam, der als «Nichtkombattant» teilnahm, am 11. Juli an seine Frau. «Das ist ein abscheulicher Krieg. Der Feldzug von 1809 scheint nur ein Spaziergang im Vergleich mit diesem; wenn es so fortgeht, weiß ich nicht, wie es enden soll. […] Lieber will ich die Kugeln pfeifen hören, als noch lange dieses trostlose Leben führen.»[186]

Als die Große Armee am 17. August Smolensk erreichte, war sie nur noch 160000 Mann stark, also auf ein Viertel ihrer ursprünglichen Stärke zusammengeschmolzen. Für Napoleon stellte sich die Frage, ob er in Richtung Moskau weitermarschieren oder – wozu ihm einige seiner Generäle rieten – Halt machen, seine geschwächte Armee reorganisieren und das bis dahin eroberte Territorium sichern sollte. Nach kurzem Schwanken entschied sich der Kaiser für die Fortsetzung der Offensive. *In einem Monat,* erklärte er, *werden wir in Moskau sein; binnen sechs Wochen haben wir den Frieden.*[187]

Ohne Schwertstreich wollte der Zar freilich die alte russische Hauptstadt nicht in die Hände der Franzosen fallen lassen. Am 7. September stellte sich die neue russische Armeeführung unter Fürst Kutusow bei Borodino an der Moskwa endlich der von Napoleon herbeigesehnten Schlacht. Sie entwickelte sich zu einem der blutigsten Gemetzel der Geschichte, weit schlimmer noch als die Begegnung von Preußisch-Eylau. Am Ende behielten die Franzosen die Oberhand, doch die Verluste waren immens. 80000 Tote und Verwundete bedeckten das Schlachtfeld, davon 28000 Franzosen und fast doppelt so viele Russen. «Kein Schlachtfeld», so berichtet General Philippe-Paul Ségur, «hatte jemals einen so schauderhaften Anblick dargeboten. [...] Der Boden war in solchem Maße mit den in den Schanzen niedergestreckten Franzosen übersät, daß diese Bollwerke eher ihnen als den sie Überlebenden zu gehören schienen. Man hätte sagen können, es seien da mehr tote als lebendige Sieger!»[188] Die ärztliche Versorgung war völlig unzureichend, und so starben noch Tausende Verwundete nach der Schlacht einen qualvollen Tod.

Doch eine Entscheidung hatte der Sieg von Borodino nicht gebracht. Die russische Armee zog sich geordnet zurück. Am 14. September rückten die ihr folgenden Franzosen in Moskau ein; die meisten Einwohner hatten die Stadt zuvor fluchtartig verlassen. «Was war das für ein trauriger Anblick! Die ganze Stadt tot, alle Fenster und Türen verschlossen, kein Mensch auf den Straßen, nur vor den Kirchen ein paar alte Leute, die auf den Knien lagen und beteten», so beschrieb

| 1812

Friedrich Schubert, ein Offizier im russischen Generalstab, die gespenstische Szenerie.[189] Napoleon bezog Quartier im Kreml und wartete auf einen Abgesandten des Zaren mit der Einladung zu Friedensverhandlungen. Doch er wartete vergebens. Stattdessen begann am 16. September die Stadt an verschiedenen Stellen zu brennen; drei Tage wütete das von Russen gelegte Feuer – am Ende waren große Teile Moskaus zerstört. *Das verkündet uns schweres Unglück*, soll Napoleon beim Anblick des Flammenmeers ausgerufen haben.[190]

Während die Disziplin der nur noch 100 000 Mann zählenden Truppe zunehmend schlechter wurde, harrte Napoleon unschlüssig im Kreml aus, immer noch auf einen Sinneswandel des Zaren hoffend. Der Rückzug war unvermeidlich, wollte er sich nicht den Winter über in Moskau verschanzen. Doch Tag um Tag schob der Kaiser die Entscheidung hinaus. «Man bemerkte nur», beobachtete General Ségur, «daß er seine bis

Der Brand von Moskau. Zeitgenössisches Gemälde von Christian Johann Oldendorp. Berlin, Deutsches Historisches Museum

dahin so einfachen und kurzen Mahlzeiten in die Länge zog. Er suchte sich zu betäuben, überließ sich dann einer trägen Ruhe, brachte die martervollen Stunden tötender Langeweile halb liegend, ja gleichsam empfindungslos zu und schien so, einen Roman in der Hand, die Entwicklung seiner schrecklichen Geschichte abzuwarten.»[191]

Endlich, Mitte Oktober, gab er den Befehl zum Rückzug. Am 19. Oktober verließen die Franzosen die Stadt, begleitet von einem Wagentross, der beladen war mit Beutegütern aller Art. Die ursprüngliche Absicht Napoleons, eine südwestliche Route über Kaluga nach Smolensk zu wählen, wurde durch Kutusow vereitelt. So musste die französische Armee auf demselben Weg zurückmarschieren, den sie gekommen war – durch ein Gebiet, das bereits stark verwüstet und aller Nahrungsmittel beraubt war. War das Wetter beim Aufbruch für die Jahreszeit noch recht milde gewesen, setzten Anfang November die ersten Schneefälle ein: «Ohne gute Fußbekleidung, ohne Nahrung und ohne stärkende Getränke zog alles stumm über die weite Schneefläche hin», notierte Christian von Martens, ein württembergischer Offizier. «Niemand befahl, niemand gehorchte mehr.»[192] Unaufhörlich wurde der Zug von nachsetzenden Kosaken attackiert. Wer zurückblieb, den erwartete ein schlimmes Schicksal. Russische Bauern nahmen grausam Rache für das, was sie zuvor erlitten hatten.

Am 9. November erreichte die völlig demoralisierte Armee, kaum noch 50 000 an der Zahl, Smolensk. Nur wenige Tage Rast war ihr vergönnt, denn inzwischen bedrohten die russischen Verbände bereits die rückwärtigen Verbindungen. Nach Smolensk löste sich die Ordnung vollkommen auf. Die Temperaturen fielen auf minus 20, nachts gar auf minus 30 Grad. In einen polnischen Pelz gehüllt und auf einen Birkenstock gestützt, so marschierte Napoleon inmitten seiner Gardetruppen. Ein französischer Offizier, der kurz vor der Beresina wieder Anschluss an die Hauptarmee fand, wollte seinen Augen nicht trauen: «Ist's denn möglich, daß unser Kaiser, der Mann, der uns so groß und stolz gemacht, zu Fuß, mit einem Bettelstab in der Hand, auf der Landstraße dahinzieht?»[193]

Beim Übergang über die Beresina Ende November spielten sich die entsetzlichsten Szenen ab. Französische Pioniere hatten in aller Eile zwei Brücken errichtet, auf denen Napoleon mit den noch intakten Resten seiner Garde rechtzeitig übersetzen konnte. Doch Zehntausende Nachzügler gerieten unter das Feuer der russischen Artillerie und drängten in panischer Angst zu den Brücken, wo sie niedergetrampelt oder in die eiskalten Fluten gestoßen wurden. «In den hallenden Donner des Geschützes mischte sich das Wehgeschrei Halbzerschmetterter, der Angstruf der in dem Strom Versinkenden und das Toben und Fluchen derer, die mit verzweifelter Gewalt vorwärts zu dringen versuchten.»[194] Nur noch 18 000 erreichten am 16. Dezember den Njemen – jenen Punkt, an dem das Drama ein halbes Jahr zuvor seinen Ausgang genommen hatte. Einige Haufen Versprengter fanden sich in den folgenden Tagen ein. Doch 400 000 Soldaten deckten die Gefilde Russlands; 100 000 waren gefangen genommen worden. Es war eine Katastrophe, wie sie die Welt noch nicht erlebt hatte.

Der Übergang über die Beresina. Gemälde von January Suchodolski, um 1859. Posen, Nationalmuseum

Am 5. Dezember hatte Napoleon das Kommando seinem Schwager Murat übertragen, um sich auf schnellstem Wege nach Paris zu begeben. Vor allem zwei Gründe bestimmten ihn zu diesem Schritt: Zum einen hatte ihn kurz zuvor eine beunruhigende Nachricht aus der französischen Hauptstadt erreicht. Am 25. Oktober hatte hier ein alter Gegner, General Malet, versucht, die Gewalt an sich zu reißen, indem er das Gerücht streute, Napoleon sei in Russland gefallen. Zwar konnte der Putschversuch rasch niedergeschlagen werden; Malet wurde am 29. Oktober erschossen. Doch der Vorfall machte deutlich, auf welch schwankenden Grundlagen Napoleons Dynastie beruhte. Zum anderen hielt der Kaiser seine Anwesenheit in Paris für erforderlich, um den Schaden zu begrenzen, den die Nachricht vom Untergang der Großen Armee auslösen würde.

Vierzehn Tage dauerte die rasende Fahrt im Schlitten und der Postkutsche quer durch das Herzogtum Warschau und durch Deutschland – ein keineswegs gefahrloses Unternehmen, denn auf preußischem Territorium musste Napoleon damit rechnen, festgenommen zu werden. In endlosen Monologen suchte der verunsicherte Herrscher gegenüber seinem ständigen Begleiter Caulaincourt (als dessen Sekretär er incognito reiste) sich zu rechtfertigen und das Ausmaß der Katastrophe herunterzuspielen. Er sprach davon, dass alle Kabinette Europas, selbst die von der französischen Herrschaft am stärksten betroffenen, ein Interesse daran haben müssten, *daß die Kosaken nicht über den Njemen kämen*, und den Einwurf Caulaincourts: «Sie selbst sind es, Sire, den man fürchtet», überging er geflissentlich.[195] Immer wieder kreisten seine Gedanken um den Hauptgegner England, dem er die ganze Verantwortung für das Desaster zuschob: *Zu allem, was ich getan, hat England mich getrieben, mich gezwungen. Hätte es nicht den Vertrag von Amiens gebrochen, hätte es nach Austerlitz, nach Tilsit Frieden geschlossen, ich wäre still zu Hause geblieben.*[196]

In der Nacht vom 18. auf den 19. Dezember traf Napoleon in Paris ein. Zwei Tage zuvor war im «Moniteur» das letzte Bulletin der Großen Armee erschienen, das Napoleon noch vor

seiner Abreise diktiert hatte. In ihm wurde, wenn auch ver-
klausuliert, die Niederlage eingestanden, zugleich aber eine
Legende in die Welt gesetzt, welche die spätere Napoleon-Ha-
giographie dankbar aufgreifen sollte: dass der Feldzug einzig
und allein an den Unbilden des russischen Winters gescheitert
sei. *Die Gesundheit Seiner Majestät war niemals besser*, so schloss
das Dokument[197] – eine Wendung, die geradezu zynisch an-
mutet angesichts des ungeheuren Leids, das der Kaiser hinterlassen hatte. «Ein Anblick zum Gotterbarmen», so beschrieb
ein Kasseler die Ankunft der wenigen westfälischen Heimkeh-
rer aus Russland. «Die Köpfe und die Füße in Lumpen gehüllt,
der übrige Körper bedeckt mit Fetzen. [...] die Augen sahen mit
einem geisterhaft starrenden Ausdruck aus den blassen, mit
Falten durchzogenen Gesichtern heraus. [...] Die meisten der
Unglücklichen konnten ihre Körper kaum noch fortschlep-
pen, so matt und krank waren sie.»[198]

In ganz Europa erregte die Nachricht vom Untergang der
Großen Armee ungeheures Aufsehen. Die Wirkungen zeigten
sich unmittelbar. Am 30. Dezember schloss der preußische
General Ludwig Graf Yorck, ohne Wissen und Billigung seines
Königs, bei Tauroggen eine Konvention mit dem russischen
General Johann von Diebitsch. Danach erklärte sich das preußische Hilfskorps, das bislang an der Seite Napoleons operiert
hatte, für neutral. Unter dem Druck der patriotischen Bewegung, die nun auch in Preußen Züge einer Volkserhebung an-
nahm, sah sich der zögernde Friedrich Wilhelm III. genötigt,
am 27. Februar in Kalisch ein Bündnis mit Russland zu unterzeichnen. Am 27. März erging der berühmte Aufruf «An mein
Volk», in dem er zum Befreiungskrieg gegen das französische
Joch aufrief. Noch allerdings waren die Rheinbundfürsten
nicht zum Abfall bereit (lediglich das Herzogtum Mecklenburg
und einige andere kleine Fürstentümer traten aus dem Rheinbund aus). Und auch Österreich weigerte sich vorerst, dem
preußisch-russischen Bündnis beizutreten. Außenminister Klemens Fürst Metternich, Vertreter einer kühl kalkulierten Kabinettspolitik, übte sich vielmehr in der Rolle eines Vermittlers,
um Zeit zu gewinnen und sich alle Optionen offen zu halten.

Napoleon dachte freilich gar nicht daran, seine beherrschende Position in Europa kampflos zu räumen. Nach seiner Rückkehr unternahm er große Anstrengungen, um ein neues Heer aus dem Boden zu stampfen. *In Frankreich steht alles unter Waffen,* meldete er seinem Schwiegervater, dem österreichischen Kaiser Franz I., am 25. Januar 1813, *und Eure Majestät können versichert sein, daß ich, sobald der Frühling kommt, mit Gottes Hilfe die Russen schneller verjage, als sie gekommen sind!*[199] Die Nachrichten, die aus Spanien kamen, waren indes alarmierend. Hier bereitete Wellington den Franzosen eine Schlappe nach der anderen, und am 17. März 1813 musste Joseph endgültig Madrid verlassen. Beträchtliche französische Kräfte blieben aber auf der Iberischen Halbinsel gebunden.

Im Frühjahrsfeldzug von 1813 demonstrierte Napoleon, dass er immer noch zu siegen vermochte. Obwohl seine jungen Rekruten unerfahren waren und die militärische Ausrüstung viele Mängel hatte, schlug er die russisch-preußischen Trup-

Klemens Wenzel Nepomuk Lothar Fürst Metternich. Gemälde von Thomas Lawrence, 1815

pen zweimal: bei Lützen am 2. Mai und bei Bautzen am 20. Mai. Allerdings fehlte ihm die Kavallerie, um nachzusetzen und die gegnerischen Kräfte aufzureiben. Überdies hatten vor allem die preußischen Soldaten einen Kampfgeist gezeigt, der selbst Napoleon beeindruckte. Seine Verluste waren höher als die der Gegner. So ließ er sich am 4. Juni dazu bestimmen, einen Waffenstillstand von zunächst sechs Wochen zu schließen. Später hat Bonaparte diesen Entschluss als *den größten Fehler seines Lebens* bezeichnet[200], und in der Tat war die Waffenpause für Preußen und Russen vorteilhafter. Sie konnten die Frist nutzen, um dringend benötigte Verstärkungen heranzuführen und Österreich auf ihre Seite zu ziehen.

Die Wiener Politik näherte sich jetzt, obwohl scheinbar immer noch um Vermittlung bemüht, der Anti-Napoleon-Front an. In einer erregten Unterredung mit Metternich am 26. Juni 1813 in Dresden warnte der französische Kaiser den Österreicher vor einem Seitenwechsel. *Sie wollen also den Krieg? Es sei: In Wien sehen wir uns wieder!* Gleichzeitig lehnte er aber jede Konzession ab. *Nun gut, was will man denn von mir,* rief er aus, *daß ich mich entehre? Nimmermehr! Ich werde zu sterben wissen, aber ich trete keine Handbreit Bodens ab. Eure Herrscher, geboren auf dem Throne, können sich zwanzigmal schlagen lassen und doch immer wieder in ihre Residenzen zurückkehren; das kann ich nicht, der Sohn des Glücks! Meine Herrschaft überdauert den Tag nicht, an dem ich aufgehört habe, stark und folglich gefürchtet zu sein.*[201] Noch einmal klang in diesen ungewöhnlich offenen Worten das Grundpro-

Klemens Wenzel Nepomuk Lothar Fürst Metternich (1773, Koblenz – 1859, Wien). Der Sohn eines alten, reichsunmittelbaren Adelsgeschlechts trat, wie der Vater, in kaiserliche Dienste: 1801 Gesandter in Dresden, 1803 in Berlin, 1806 in Paris. Nach der Niederlage Österreichs 1809 wurde er an die Spitze des Außenministeriums berufen. Durch eine Politik des Lavierens ganz im Stile der alten Kabinettspolitik suchte er die Großmachtstellung Österreichs zu erhalten. Auf dem Wiener Kongress 1814 / 15 war er unumstritten die beherrschende Figur. Die Idee des europäischen Gleichgewichts verband er mit einer Abwehr aller liberalen und nationalen Bestrebungen. So wurde er zum Repräsentanten der Restauration in Europa nach 1815. Die Märzrevolution 1848 fegte das System Metternichs hinweg. Der Staatskanzler floh nach London und kehrte erst 1851 nach Wien zurück.

blem seiner politischen Existenz an: das Angewiesensein auf den Erfolg und die Notwendigkeit, ihn gewissermaßen ständig zu überbieten, weil sonst das auf Furcht und Zwang gegründete Gebäude seines Imperiums zusammenbrechen würde.

Unter diesen Auspizien war auch vom Kongress in Prag, zu dem Napoleon Caulaincourt entsandte, kaum ein positives Resultat zu erwarten. Am 7. August machte Metternich den französischen Versuchen, die Verhandlungen in die Länge zu ziehen, ein Ende. Ultimativ verlangte er von Frankreich die Annahme von Bedingungen, auf die sich Österreich zuvor in einem geheimen Vertrag mit Russland und Preußen verständigt hatte: die Auflösung des Großherzogtums Warschau (und dessen Aufteilung unter die drei benachbarten Mächte), die Wiederherstellung Preußens in den Grenzen von vor 1806, die Unabhängigkeit der Hansestädte, Verzicht auf das Protektorat über den Rheinbund und die Rückgabe der Illyrischen Provinzen an Österreich.

Napoleon ging auf das Ultimatum nicht ein. Am 12. August erklärte Österreich Frankreich den Krieg. Zum ersten Mal sah sich Napoleon damit einer Koalition aller europäischen Großmächte (einschließlich Schwedens) gegenüber. Dieser Übermacht musste er erliegen, zumal seine Gegner diesmal überaus geschickt operierten: Sie wichen einer Entscheidungsschlacht zunächst aus, zogen allerdings den Ring um Napoleons Hauptarmee immer enger und fügten seinen Marschällen in mehreren Gefechten schmerzhafte Niederlagen zu: Oudinot bei Großbeeren am 23. August, Macdonald bei Waldstatt an der Katzbach am 26. August, Vandamme bei Kulm am 30. August, Ney bei Dannewitz am 6. September. *Sehen Sie*, äußerte Napoleon gegenüber Außenminister Maret Ende August, *so ist der Krieg. Am Morgen Sieger, am Abend besiegt, vom Triumph zum Fall ist oft nur ein Schritt.*[202]

Das Charakteristikum des Herbstfeldzugs 1813 war, dass Napoleon nicht mehr das Gesetz des Handelns bestimmte. Er musste sich mal hierhin, mal dorthin wenden, und zum ersten Mal erweckte er den Eindruck, dass er als Kommandierender die Übersicht verloren hatte. Sein Schachspiel habe sich verwirrt, gestand er selbst in den letzten Septembertagen.[203] Mitte Oktober hatte ihn die Koalition der Verbündeten bei Leipzig in eine äußerst ungünstige Lage hineinmanövriert. «Wir nahen dem großen Tag des Weltgerichts», bemerkte Metternich ahnungsvoll.[204] In der «Völkerschlacht» vom 16. bis 19. Oktober 1813 erlitt Napoleon eine schwere Niederlage, die durch den plötzlichen Übergang der Sachsen ins Lager der Gegner zwar nicht verursacht, wohl aber beschleunigt wurde. Die Franzosen verloren 60000 Mann. Die Reste der Armee zogen sich hinter den Rhein zurück. Dabei besiegten sie am 30. Oktober noch ein bayerisch-österreichisches Korps unter General Karl Philipp Wrede, das ihnen den Weg verlegen wollte.

Mit rasanter Schnelligkeit vollzog sich nun der Abfall der Rheinbundstaaten, Hollands und der Schweiz. Selbst Napoleons Schwager Murat, der König von Neapel, kündigte ihm die Gefolgschaft auf. In Spanien drangen die Truppen Wellingtons bis zur französischen Grenze vor. Im November gab Napoleon Ferdinand VII. seinen Thron zurück und ließ den Papst mit allen Ehren nach Rom zurückbringen. *Ich werde mich glücklich schätzen, wenn ich das Territorium des alten Frankreichs durch den Frieden erhalten kann,* gestand er in diesen Tagen seinem Bruder Joseph.[205] Mitte November 1813 signalisierten die Verbündeten von Frankfurt aus die Bereitschaft, Frieden zu schließen, wenn Napoleon die «natürlichen Grenzen» Frankreichs als Basis für Verhandlungen akzeptiere.

Hinter dem Angebot stand vor allem die Sorge Metternichs vor einem zu großen Machtzuwachs Russlands in Mitteleuropa. Im Interesse des europäischen Gleichgewichts sollte Frankreichs Großmachtstellung erhalten bleiben. Napoleon antwortete zunächst ausweichend, und als er im Dezember zustimmte, war die andere Seite bereits wieder von ihren eigenen Vorschlägen abgerückt. Denn inzwischen war erkennbar geworden, dass die Machtstellung des Kaisers auch in seinem eigenen Lande wankte. Die Niederlage von Leipzig hatte seinem Prestige noch mehr geschadet als der Untergang der Großen Armee in Russland. Zum ersten Mal seit 1792 drohte Frankreich wieder eine Invasion. Ein Manifest der Monarchen von Anfang Dezember zielte darauf ab, den Spalt zwischen Napoleon und der französischen Nation zu vertiefen. Die verbündeten Mächte, hieß es darin, führten «nicht Krieg gegen Frankreich, sondern gegen die Vormachtstellung, die der Kaiser Napoleon zu lange jenseits der Grenzen seines Reiches ausgeübt hat»[206].

Wie sehr sich die öffentliche Meinung inzwischen gegen Napoleon gekehrt hatte, machte eine Initiative der Gesetzgebenden Körperschaft deutlich: Am 19. Dezember 1813 forderte sie den Kaiser auf, die bürgerlichen Freiheiten zu garantieren und den Krieg nur noch «für die Unabhängigkeit des französischen Volkes und die Unversehrtheit seines Staatsgebiets fortzusetzen»[207]. Napoleon war über die unbotmäßige Aktion empört und ließ die Legislative schließen – eine Maßregelung, die wiederum die Erregung im Land steigerte. Die meisten Franzosen hatten nun endgültig den Krieg satt, sie wollten keine weiteren Opfer bringen. Bei den Truppenaushebungen im Herbst und Winter 1813 kam es zu massenhaften Verweigerungen. So konnte Napoleon den 260 000 Mann der Koalitionsarmee, die Ende 1813 den Rhein überquerte und in drei Heeressäulen in Frankreich einmarschierte, nur noch eine Truppe von 70 000 zumeist schlecht ausgebildeten Soldaten entgegenstellen.

Freilich erwies sich der Weg nach Paris für die Verbündeten als sehr viel schwieriger als angenommen. Denn in der Frühjahrskampagne von 1814, als er mit dem Rücken zur Wand kämpfen musste, entfaltete Napoleon noch einmal sein überragendes militärisches Können. Fast schien es, als sei der General des Italienfeldzugs, der junge Kriegsgott von 1796 wieder auferstanden. In einer Serie von Schlachten schlug er zwischen dem 10. und 14. Februar die in die Champagne vorgedrungene Armee des preußischen Generals Gebhard Leberecht Fürst von Blücher gleich dreimal hintereinander. Danach wandte er sich gegen die österreichischen Truppen, besiegte sie am 18. Februar und warf sie hinter die Aube zurück.

Im Lager der Alliierten lösten diese Nachrichten Bestürzung aus; plötzlich schien man doch bereit, Napoleon entgegenzukommen. Anfang Februar hatte in Châtillon-sur-Seine eine Friedenskonferenz begonnen, zu der Napoleon wiederum Caulaincourt entsandt hatte. Von dem in Frankfurt gemachten Angebot der «natürlichen Grenzen» war jetzt keine Rede mehr; vielmehr sollte Frankreich auf die Grenzen von 1792 zurückgeführt werden, was Napoleon kategorisch ablehnte. Nach den militärischen Erfolgen von Mitte Februar versteifte sich sein Widerstand. Es gebe, ließ er am 21. Februar den österreichischen Kaiser wissen, *nicht einen Franzosen, der nicht lieber stürbe, als sich Bedingungen zu unterwerfen, die uns zu Sklaven Englands machen und Frankreich aus dem Kreis der Mächte streichen würden.*[208]

Offenbar glaubte Napoleon, in seltsamer Verkennung der Kräfteverhältnisse, immer noch, das Blatt militärisch wenden zu können. Nun sei das Glück zu ihm zurückgekehrt und er wieder Herr seiner Bedingungen, schrieb er am 18. Februar triumphierend an seinen Bruder Joseph.[209] So missachtete er wiederum die Warnungen Caulaincourts, der ihn an die verpassten Chancen des vergangenen Sommers erinnerte: «Opfer sind unvermeidlich; man muß sie rechtzeitig bringen. Es ist wie in Prag: Wenn wir nicht auf der Hut sind, wird uns die Gelegenheit entgleiten.»[210]

Mitte März ging der Kongress von Châtillon ergebnislos auseinander. Er scheiterte nicht nur an der Kompromissunfähigkeit Napoleons, sondern auch an der Intransigenz des Zaren, der den Feldzug auf jeden Fall bis zur Einnahme von Paris fortsetzen und einen Dynastiewechsel in Frankreich erzwingen wollte. Eine abermalige Wende auf dem Kriegsschauplatz kam dieser Absicht entgegen. Am 20. März unterlag Napoleon in der Schlacht bei Arcic-sur-Aube. Durch eine kühne Operation versuchte er noch einmal, die Initiative an sich zu reißen: Statt eine Verteidigungsstellung vor Paris aufzubauen, dirigierte er seine Truppen nach Osten, um die alliierten Heere von hinten zu umfassen und von ihren Nachschubwegen abzuschneiden. Doch auch dieser Plan scheiterte: Die Alliierten setzten unbeirrt ihren Vormarsch fort. Nach kurzem Kampf kapitulierte Paris am Abend des 30. März. Tags darauf zogen der Zar und der preußische König an der Spitze ihrer Armeen in die französische Hauptstadt ein.

Napoleon war über die Nachricht vom schnellen Fall der Metropole wie vor den Kopf geschlagen. Er witterte überall Feigheit und Verrat und erging sich in heftigsten Vorwürfen gegen Joseph, der in seinen Augen zu wenig für die Verteidigung getan hatte. Noch aber hielt der Kaiser der Franzosen nicht alles für verloren. Nach Fontainebleau zurückgekehrt, glaubte er die Armee zur letzten Schlacht mobilisieren zu können. *Paris muß zum Grabe für die Eindringlinge werden.*[211]

Inzwischen hatte freilich Talleyrand, das Machtvakuum nutzend, die Fäden in die Hand genommen und betrieb zielstrebig in Absprache mit dem Zaren die Restauration der Bourbonen-Dynastie. Am 1. April 1814 trat er an die Spitze einer provisorischen Regierung; zwei Tage später sprach der Senat, bislang dem großen Dompteur sklavisch ergeben, die Absetzung Napoleons aus. Als ihm am 4. April auch noch seine Marschälle, allen voran Michel Ney, eröffneten, dass die Stimmung der Truppe auf einem Tiefpunkt angelangt und an weiterem Widerstand nicht zu denken sei, da rang sich endlich auch Napoleon zu dem Entschluss durch, zugunsten seines Sohnes, des «Königs von Rom», abzudanken. Doch nachdem in der Nacht vom 4. auf den 5. April das Korps des Generals Auguste Frédéric Marmont zu den Österreichern übergelaufen war, erhöhte Alexander I. den Preis: Er verlangte nun die bedingungslose Abdankung; dafür sollte der entthronte Herrscher die Insel Elba bekommen und den Kaisertitel behalten dürfen. Napoleon setzte nach einigem Hin und Her seine Unterschrift unter den Vertrag. In der Nacht vom 12. auf den 13. April nahm er eine Dosis Gift; wie ernst es ihm mit dem Selbstmordversuch tatsächlich war, ist indes umstritten.[212]

Am 20. April, bevor er in den Wagen stieg, der ihn an die Mittelmeerküste bringen sollte, nahm Napoleon im Hofe des Schlosses von Fontainebleau Abschied von seiner alten Garde. *Beklagt mein Schicksal nicht. Ich hätte meinem Leben ein Ende setzen können; wenn ich es nicht getan, sondern beschlossen habe, mich selbst zu überleben, so geschah es nur, damit ich eurem Ruhm auch*

Napoleons Abschied von seiner Garde in Fontainebleau am 20. April 1814. Gemälde von Horace Vernet, 1824

künftig noch dienen kann. Ich will in den Büchern der Geschichte die großen Taten aufzeichnen, die wir gemeinsam vollbracht haben.[213] «Man hörte nur Seufzen in allen Reihen», beschrieb ein Augenzeuge die Szene.[214]

Je weiter Napoleon nach Süden kam, desto feindseliger wurde die Stimmung gegen ihn. Immer wieder wurde sein Wagen von Royalisten umringt und mit Steinen beworfen. Schließlich musste Bonaparte sich verkleiden, um unerkannt nach Fréjus zu gelangen, wo ihn eine englische Korvette aufnahm und nach Elba brachte.

Das Intermezzo der Hundert Tage

Vom Erhabenen zum Lächerlichen ist nur ein Schritt, hatte Napoleon im Dezember 1812 nach dem gescheiterten Russland-Abenteuer dem französischen Gesandten in Warschau, Abbé de Pradt, zugerufen.[215] Das traf nun erst recht für das neue Leben zu, das der entthronte Imperator in seinem Miniaturreich auf der Insel Elba führen musste. Der einstige Beherrscher Europas, der das größte Heer der Welt kommandiert hatte, gebot nur noch über eine Armee von tausend Mann, darunter 400 Grenadiere der alten Garde, die man ihm im Vertrag von Fontainebleau gelassen hatte. Gleich nach seiner Ankunft in Portoferrario, der Inselhauptstadt, am 4. Mai 1814 begann er eine rastlose Tätigkeit. Er inspizierte die Befestigungsanlagen, ließ Straßen bauen, Maulbeerbäume pflanzen, Weinstöcke anlegen, Verwaltung und Krankenhäuser reformieren. «Es ist, als ob Napoleon das Perpetuum mobile verwirklichen wollte», bemerkte der britische Bevollmächtigte auf der Insel, Sir Neil Campbell.[216]

Doch all die Aktivitäten konnten den Ruhelosen, der mit 45 Jahren noch auf der Höhe seiner Schaffenskraft stand, auf die Dauer nicht ausfüllen. Er litt darunter, dass Marie Louise und sein Sohn ihm nicht auf die Insel gefolgt waren. Bald wird er erfahren, dass seine Frau sich inzwischen mit einem Liebhaber, dem Grafen Adam Adalbert Neipperg, tröstet und dass der kleine «König von Rom», später Herzog von Reichsstadt, in der Obhut ihres Vaters, des österreichischen Kaisers Franz I., gehalten wird. Die Gesellschaft von Mutter Letizia und Schwester Pauline konnte dem neuen Herrn von Elba die Langeweile, die seine Tage zunehmend verdüsterte, nicht vertreiben. Zudem wurde das Geld knapp. Die französische Regierung weigerte sich, die zwei Millionen Franc Apanage, die ihm jährlich zustanden, auszuzahlen.

Über ein geheimes Netz von Agenten stand Napoleon in regelmäßigem Kontakt zum Festland. So erfuhr er von der Unzufriedenheit, die sich in Frankreich schon bald nach Restauration der Bourbonenherrschaft breit machte. Zwar hatte Ludwig XVIII. nicht einfach an die vorrevolutionären Verhältnisse anknüpfen können. Die Verfassung vom Juni 1814 («Charte constitutionelle») bekräftigte die Grundsätze bürgerlicher Gleichheit und Freiheit und erkannte die durch die Revolution geschaffenen Besitzverhältnisse an. Doch durch eine Reihe von Ungeschicklichkeiten verstand es das neue Regime, große Teile der französischen Bevölkerung gegen sich aufzubringen. Tausende von Offizieren wurden entlassen oder auf halben Sold gestellt, während Emigranten bei der Besetzung neuer Posten in Armee, Verwaltung und am Hofe bevorzugt wurden – ein Verstoß gegen den von Napoleon zumindest am Anfang seiner Regierung beherzigten Grundsatz, dass dem Tüchtigen freie Bahn eröffnet werden müsse. Zugleich sahen sich die Erwerber von Nationalgütern massiven Pressionen seitens ihrer vormaligen Besitzer ausgesetzt. Unter den Bauern ging die Angst vor einer Wiedereinführung der Feudalrechte um. In den Städten sorgte wachsende Arbeitslosigkeit für Unmut.

Charte constitutionelle wurde die vom zurückgekehrten Bourbonen Ludwig XVIII. oktroyierte Verfassung vom Juni 1814 genannt. Sie lehnte sich an das englische Verfassungsmodell an: ein Zweikammersystem mit einer Pairskammer, deren Mitglieder vom König ernannt, und einer Deputiertenkammer, deren Mitglieder gewählt wurden. Der hohe Wahlzensus schloss die Mehrheit der Bevölkerung von einer politischen Teilhabe aus.

Überdies wurde Frankreich im Vertrag von Paris vom 30. Mai 1814 auf seine Grenzen von 1792 reduziert; von den späteren Eroberungen blieb so gut wie nichts. Viele Franzosen empfanden den Frieden als ein Diktat und identifizierten das Lilienbanner der Bourbonen als Symbol nationaler Demütigung. Sie verglichen, wie ein Zeitgenosse bemerkte, «den Zustand der Unordnung und Erniedrigung, in den Frankreich unter dem König verfallen war, mit dem Aufschwung, der Kraft und Verwaltungseinheit unter Napoleon», und dieser, «den sie vorher als den Urheber aller Übel angeklagt hatten, erschien ihnen nur noch als großer Mann, als Held im Unglück».[217] Schon wurde der Ruf nach einer Rückkehr des gestürzten Kaisers laut.

Napoleon blieb der Umschwung der Stimmung nicht verborgen. Auch wurden ihm Nachrichten über Meinungsverschiedenheiten zwischen den verbündeten Mächten auf dem Wiener Kongress zugetragen, und als dann auch noch das Gerücht an sein Ohr drang, man wolle ihn aus Europa entfernen und auf eine abgelegene Insel deportieren, da entschloss er sich, nach Frankreich zurückzukehren und die Macht aufs Neue an sich zu reißen.

Am 26. Februar 1815 schiffte er sich mit 1100 Mann ein; am 1. März ging er bei Cannes an Land. Der Empfang war zunächst zurückhaltend. «Gerade fingen wir an, ein bißchen Ruhe zu bekommen, und jetzt kommen Sie und werden alles durcheinanderbringen», musste er sich sagen lassen.[218] Napoleon wählte nicht die Route durch das Rhônetal, weil hier mit dem Widerstand der Royalisten zu rechnen war, sondern die beschwerlichen Pfade über die Alpen nach Grenoble. Kurz vor der Stadt, beim Dorf Laffrey, traf der Zug zum ersten Mal auf ein Bataillon, das ihm den Weg versperrte. Für Napoleon war das der entscheidende Test, ob sein Zauber noch wirkte. Allein, gekleidet in seinen alten grauen Mantel, den berühmten Zweispitz auf dem Kopf, schritt er auf die Linie zu. Das Kommando «Feuer» ertönte. Doch nichts geschah. *Soldaten, erkennt ihr mich*, rief er, nur noch wenige Schritte von den Gewehrläufen entfernt. *Ist einer unter euch, der seinen Kaiser töten will – hier bin ich!* Da löste sich die Spannung – mit dem Schrei «Vive l'Empereur» stürzten sich die Soldaten auf den kleinen, dicken Mann, umarmten ihn und geleiteten ihn mitsamt seinem Gefolge nach Grenoble.[219]

Auch die Garnison der Stadt lief mit fliegenden Fahnen über. Ihr Kommandeur, der Oberst Labédoyère, gab dem Ankömmling freilich einen guten Rat: «Kein Ehrgeiz mehr, kein Despotismus, wir wollen frei und glücklich sein. Darum muß man auch, Sire, dem System der Eroberung und der Gewalt abschwören, das Frankreich und Ihnen zum Unglück gereichte.»

Napoleon zeigte sich geläutert: *Ja, ich habe den Krieg zu sehr ge-*
liebt; ich werde fortan meine Nachbarn in Ruhe lassen; wir müssen
vergessen, daß wir die Herren der Welt waren.[220]

Mehr und mehr gestaltete sich der Marsch nach Paris zu
einem Triumphzug. In Lyon, der zweitgrößten Stadt Frankreichs, empfing ihn am 10. März eine jubelnde Menge. Nun war
sich auch Napoleon sicher, dass sein riskantes Unternehmen
vom Glück begünstigt war. *Von Cannes bis Grenoble war ich ein*
Abenteurer; in dieser Stadt wurde ich wieder ein Souverän, hat er
später auf Sankt Helena bekannt.[221] Und wie ein Souverän
agierte er bereits wieder, indem er die ersten Dekrete erließ, die
alle Maßnahmen der bourbonischen Restauration für null und
nichtig erklärten.

Die Nachricht von Napoleons Landung erreichte Paris erst
am 5. März. Ludwig XVIII. schien zunächst wenig beunruhigt;
er setzte eine Prämie auf den Kopf des Usurpators aus, und Marschall Ney, der mittlerweile in die Dienste der Bourbonen ge-
treten war, versprach, seinen früheren Befehlshaber gefangen
nehmen und in einem «eisernen Käfig» nach Paris schaffen zu
lassen. Doch nur wenige Tage später wechselten auch Neys
Regimenter die Seiten. Am 19. März verließ Ludwig XVIII. in
aller Eile die Hauptstadt, und bereits einen Tag später zog Napoleon, von seinen Anhängern auf den Schultern getragen,
wieder in die Tuilerien ein. *Ich bin Herr von ganz Frankreich,*
schrieb er Marie Louise. *Ich erwarte Dich hier im April mit meinem*
Sohn.[222]

François René de Chateaubriand hat die Rückkehr Napoleons an die Macht «die Invasion eines Landes durch einen
Mann» genannt.[223] In Wirklichkeit hätte dieser ohne die Unterstützung der Armee und der unteren Volksschichten, vor allem
der Bauern und Arbeiter, nicht reüssieren können, und der Te-
nor seiner ersten Verlautbarungen auf französischem Boden
erweckte den Eindruck, als wolle er das Feuer der sozialen Revolution wieder anfachen. Doch das war wohlberechnete Rhe-
torik. Napoleon dachte nicht im Entferntesten an eine jakobinische Lösung. Immer hatte ihn die Angst vor der «Kanaille»,
den unberechenbaren Kräften der Volksbewegung, umgetrie-

ben. Andererseits war ihm bewusst, dass er nicht im selben Stile wie vor seiner Abdankung regieren konnte. Eine neue, liberale Verfassung sollte beweisen, dass er seinen autokratischen Neigungen entsagt hatte. Zu diesem Zweck engagierte er einen alten Gegner, den Schriftsteller und Wortführer der konstitutionellen Partei, Benjamin Constant, der ihn noch kurz vor seinem Einzug in die Tuilerien mit Attila und Dschingis Khan verglichen hatte. *Sehen Sie nun zu, was Ihnen ausführbar erscheint, und legen Sie mir Ihre Pläne vor; öffentliche Verhandlungen, unabhängige Wahlen, verantwortliche Minister, freie Presse, das alles ist mir recht,* ließ Napoleon seinen neuen Mitarbeiter wissen.[224]

Constants Verfassungsentwurf brachte gegenüber der «Charte constitutionelle» noch einige Verbesserungen, etwa die Senkung des Wahlzensus und die Verantwortlichkeit der Minister. Doch wurde die Wirkung in der Öffentlichkeit dadurch abgeschwächt, dass das Ganze nicht als eigenständiges Reformwerk, sondern lediglich als «Zusatzakte zu den Verfassungen des Kaiserreichs» firmierte. Ohnehin hatte Napoleon am Ende nur zähneknirschend in die Einschränkung seiner Machtbefugnisse eingewilligt. *Man schwächt mich, man kettet mich an. Frankreich sucht mich und findet mich nicht mehr. Es fragt, was wohl aus dem starken Arm des Kaisers geworden sei,* machte er einmal gegenüber Constant seinem Zorn Luft.[225] Die auffallend hohe Zahl von Enthaltungen beim Plebiszit (von 5 Millionen Wählern stimmten nur 1,5 Millionen mit Ja und 4800 mit Nein) zeigte, wie groß das Misstrauen in die wahren Absichten Napoleons im Bürgertum war.

Auch die europäischen Mächte waren keineswegs gewillt, sich noch einmal mit Bonaparte zu arrangieren. Kaum hatte die Kunde von seiner Rückkehr den Wiener Kongress aufgescheucht, erklärte man ihn auch schon am 13. März für geächtet. Am 25. März erneuerten England, Russland, Österreich und Preußen ihren Koalitionsvertrag, indem sie sich verpflichteten, die Waffen nicht eher niederzulegen, bevor Napoleon endgültig besiegt sei.

Mochte der französische Kaiser auch noch so sehr beteuern, dass ihm *nichts mehr am Herzen* liege, *als mit allen Mächten in*

Frieden zu bleiben[226] – ein neuer Krieg war unvermeidlich geworden, und gerade diese Aussicht ließ die Stimmung in Frankreich abermals umschlagen. Die Aushebungen stießen in vielen Teilen des Landes auf Widerstand, und Napoleon besaß auch nicht mehr die Tatkraft, um die Aufrüstung zielstrebig voranzutreiben. Auf seine Umgebung wirkte er seltsam abwesend und entschlussarm. «Ich kenne ihn nicht mehr wieder», bemerkte der ehemalige Kriegsminister Carnot, der zum Innenminister ernannt worden war. «Die kühne Rückkehr von Elba scheint den Quell seiner Energie erschöpft zu haben; er schwankt, er zaudert; statt zu handeln, redet er. [...] alle Welt fragt er um Rat.»[227] Die frühere Selbstsicherheit war dahin; es war, als würde ihn bereits ein Vorgefühl des kommenden Unglücks niederdrücken.

> Ich will keinen Krieg, keine Eroberungen mehr, sondern in Frieden regieren und das Glück meiner Untertanen sein.
>
> Napoleon zu General Jean Rapp, März 1815

Die Verbündeten hatten sich mit dem Aufmarsch Zeit gelassen; die neuerliche Invasion Frankreichs war erst für Anfang Juli geplant. In Belgien hatte Wellington ein Heer von 95 000 Mann zusammengezogen. Ihm gesellte sich die preußische Armee unter Blücher zu, die 120 000 Mann zählte. Die österreichischen und russischen Streitkräfte hatten ihre Ausgangsposition am Mittel- und Oberrhein noch nicht bezogen. So entschloss sich Napoleon, den konzentrischen Angriff der verbündeten Heere nicht abzuwarten, sondern seinerseits die Initiative zu ergreifen. 125 000 Mann, zum größten Teil gut ausgerüstete und kampferprobte Soldaten, standen ihm dafür zur Verfügung. Sein Plan ging dahin, die preußischen und englischen Verbände voneinander zu trennen und sie nacheinander zu schlagen, um sich danach auf Österreicher und Russen zu werfen.

Am 12. Juni reiste er zur Armee ab; am 15. Juni schob er bei Charleroi einen Keil zwischen Wellingtons und Blüchers Heere. Einen Tag später griff er die Preußen bei Ligny an und bereitete ihnen eine schwere Niederlage, ohne sie allerdings entscheidend zu besiegen. Irrtümlich nahm Napoleon an, dass

Blücher sich zum Rhein zurückziehen werde, beauftragte aber sicherheitshalber Marschall Emmanuel Grouchy mit der Verfolgung. Daraufhin wandte er sich gegen Wellington, der sich südlich des Dorfes Waterloo aufgestellt hatte. Doch starke Regenfälle, die das Schlachtfeld in eine Schlammlandschaft verwandelten, zwangen zu einer eintägigen Kampfpause – eine Verzögerung, die sich verhängnisvoll für die Franzosen auswirken sollte, denn in der Zwischenzeit konnten die preußischen Marschkolonnen ihren Verfolger abschütteln und wieder der Armee Wellingtons zustreben.

Erst am Mittag des 18. Juni eröffnete Napoleon die Schlacht. Er suchte die Entscheidung im Zentrum zu erzwingen, doch die englischen Truppen hatten eine starke Verteidigungsposition gewählt, und Angriffswelle auf Angriffswelle brach unter ihren Salven zusammen. Selbst Napoleons letzte Trumpfkarte, seine legendäre Alte Garde, stach nicht mehr, und als am Abend Blüchers Armee Wellington zur Hilfe eilte, war die Schlacht entschieden. Panik ergriff die französischen Verbände; in wilder Flucht stoben sie auseinander. Gnadenlos setzten die Preußen nach. Nur mit Mühe gelang es Napoleon, der Gefangennahme zu entgehen. Sein Wagen aber mit all seinem Gepäck fiel den Verfolgern in die Hände.

Die Schlacht von Waterloo bedeutete das Ende – nicht nur der Hundert-Tage-Herrschaft, sondern der erstaunlichen Laufbahn Napoleons überhaupt. Zu vollständig und demütigend war die Niederlage, als dass er sich darüber irgendwelche Illusionen machen durfte. Nicht nur der Kriegsherr selbst hatte während des Feldzugs nur noch einen matten Abglanz seines einstigen Könnens geboten – mehrfach hatte ihn, der früher ein Wunder an Ausdauer gewesen war, der Schlaf übermannt –, auch seine Marschälle, allen voran Ney und Grouchy, hatten

Napoleons Flucht nach der Schlacht von Waterloo am 18. Juni 1815. Kolorierte Aquatinta von Johann Lorenz Rugendas, 1816. Wien, Wien Museum

versagt, und schließlich war bei den einfachen Soldaten der Kampfgeist nicht mehr der alte, auch wenn sie sich tapfer schlugen. *Die Leute von 1815 waren nicht mehr die von 1792*, stellte Napoleon auf Sankt Helena fest.[228] Doch wichtiger als alle Versuche, das Desaster im Nachhinein zu erklären, war die Tatsache, dass – selbst wenn er bei Waterloo siegreich geblieben wäre – er sich vermutlich nur eine Atempause verschafft hätte. Denn gegen die Übermacht der verbündeten Heere, die inzwischen, was Strategie und Taktik anging, viel dazugelernt hatten, besaß Napoleon keine wirkliche Erfolgschance. Sein zweiter Griff zur Macht war von vornherein zum Scheitern verurteilt.

Im Morgengrauen des 21. Juni kehrte der geschlagene Feldherr, aufs Äußerste erschöpft und apathisch, nach Paris zurück. Den Grafen Antoine-Marie Lavalette, seinen ehemaligen Generalpostmeister, einen seiner wenigen Getreuen, der zu ihm ins Élysée eilte, empfing er «mit einem krampfhaften, fürchterlichen Lachen», das seinen inneren Zustand widerspiegelte. Er habe, erklärte er, die Franzosen *an zu große Siege gewöhnt, und nun wissen sie nicht einen Tag des Unglücks zu ertragen*[229]. Zwar demonstrierten Handwerker und Arbeiter aus den Faubourgs vor dem Palast, um dem Kaiser ihre Solidarität zu bezeugen. Doch die liberale Mehrheit in der Abgeordnetenkammer machte nun offen Front gegen ihn. Sie erklärte sich in Permanenz und verlangte die abermalige Abdankung. Ein Versuch, die Opposition der Kammer zu besänftigen, war, wie Napoleon sah, aussichtslos. *Der Respekt vor mir war groß, solange ich gefürchtet war. Aber wo ich nicht das Recht des legitimen Herrschers besaß, wo ich Hilfe suchte, mit einem Wort: als Besiegter – da hatte ich nichts zu erhoffen.*[230] Da die einzige Alternative eine Militärdiktatur – und damit vermutlich der Bürgerkrieg – gewesen wäre, gab der Geschlagene nach und trat am Nachmittag des 22. Juni zurück.

Fouché, den er als Polizeiminister zurückgeholt und der nun den Vorsitz in der provisorischen Regierung übernahm, drängte ihn, Paris zu verlassen. Einige Tage verbrachte er noch in Malmaison (wo Joséphine Ende Mai 1814 gestorben war), in Erinnerungen an bessere Tage verloren, bevor er am 29. Juni sich auf den Weg nach Rochefort machte, wo zwei Fregatten bereitlagen, um ihn nach Amerika zu bringen. Doch ein britischer Kreuzer, die «Bellerophone», blockierte die Ausfahrt. Und so blieb Napoleon nichts anderes übrig, als sich am 15. Juli an Bord des feindlichen Schiffes zu begeben. Er komme, schrieb er dem britischen Prinzregenten Georg, *wie Themistokles, im Lande des britischen Volkes eine Zuflucht zu suchen*[231]. Beim hartnäckigsten, erbittertsten aller seiner Gegner musste Bonaparte nun um Asyl bitten – tiefer konnte sein Fall nicht sein.

Martyrium auf Sankt Helena

Europa wird nicht sicher sein, als bis zwischen sich und diesem Mann der Ozean liegt», soll Charles André Pozzo di Borgo, ein Intimfeind Napoleons aus alten korsischen Tagen, nun Berater des russischen Zaren, während der Verhandlungen des Wiener Kongresses erklärt haben.[232] Und tatsächlich wurde Napoleon nach dem Intermezzo der Hundert Tage die Insel Sankt Helena im Südatlantik, 1800 Kilometer von der afrikanischen Westküste entfernt, als neuer Verbannungsort zugewiesen. Am 31. Juli 1815 teilte ihm Lord Keith, der Geschwaderkommandant von Plymouth, die mit den Alliierten abgestimmte Entscheidung der britischen Regierung mit. Damit war Napoleons Schicksal besiegelt, und er wußte es: *Sankt Helena, das ist mein Todesurteil*, protestierte er. *Was soll ich auf diesem kleinen Felsen und am Ende der Welt anfangen?*[233] Auch im Gefolge des einstigen Kaisers löste die Nachricht Entsetzen aus. «Wir waren wie niedergeschmettert», notierte einer von ihnen.[234]

Am 7. August begab sich Napoleon mitsamt der kleinen Schar, die ihn begleiten durfte, an Bord der «Northumberland». Zwei Tage später stach das Schiff in See. Während der Überfahrt vertrieb sich der Gefangene die meiste Zeit mit Lektüre und Kartenspiel. Am Morgen des 15. Oktober tauchte die Felseninsel, «schaurig kahl und zum Himmel emporreichend», aus dem Ozean auf.[235] *Das ist kein schöner Ort! Ich hätte besser darangetan, in Ägypten zu bleiben. Dann wäre ich jetzt Kaiser des gesamten Orients*, rief Napoleon aus, als er Sankt Helena zum ersten Mal vom Fenster seiner Kajüte aus erblickte.[236] Als Wohnsitz war den Franzosen Longwood House, das Landhaus des britischen Gouverneurs, zugedacht, das einige Meilen von der Inselhauptstadt Jamestown entfernt lag. Da die Räumlichkeiten aber noch nicht hergerichtet waren, musste Napoleon zunächst mit einer provisorischen Unterkunft bei einem Ange-

Napoleon auf St. Helena. Aquarell von François Joseph Sandmann, 1820. Rueil-Malmaison, Châteaux de Malmaison et Bois-Préau

stellten der East India Company, William Balcombe, vorlieb nehmen. Hier, inmitten einer freundlichen englischen Familie, erlebte Napoleon einige glückliche Wochen. Besonders die beiden Töchter des Hauses, Jane und Betsy, die eine sechzehn, die andere vierzehn, hatten es ihm mit ihrem munteren Liebreiz angetan. Der einst so Unnahbare spielte mit den beiden, ließ sich zudringliche Fragen und auch manchen Scherz gefallen.

Longwood House, in das Napoleon am 10. Dezember übersiedelte, sollte die letzte Station seines Lebens werden. Es war ein unwirtlicher Ort, auf einem Hochplateau 500 Meter über dem Meeresspiegel gelegen. Es gab kaum Vegetation; die Temperaturen schwankten mit den jähen Witterungsumschwüngen; es wehte ständig ein scharfer Wind aus Südost; die Luftfeuchtigkeit war hoch; der Schimmel fraß sich in die Wände ein. Zum ungesunden Klima kam ein Mangel an reinem Trinkwasser und – schlimmer noch – eine Rattenplage, der die Neuankömmlinge nie ganz Herr werden konnten. «Als wir Longwood bezogen», berichtete einer von ihnen, «war ihre Zahl so groß, daß sie, wenn wir bei Tische saßen, um die Tafel herumspazierten, als wären wir gar nicht da.»[237]

Trotz der widrigen äußeren Umstände versuchte Napoleon in seinem neuen Domizil eine Art Hofstaat im Kleinen aufrechtzuerhalten. General Henri Gratien Bertrand, seit 1813 kaiserlicher Hofmarschall, behielt die Oberaufsicht. General Montholon, der Napoleon nach Waterloo als Kammerherr gedient hatte, war für den Haushalt zuständig. General Gaspard Gourgaud, Ordonnanzoffizier des Kaisers, bekam das Amt eines Oberstallmeisters. Graf Las Cases, der einzige Zivilist, dessen Entschluss, Napoleon in die Verbannung zu begleiten, offenbar von vornherein mit der Absicht einherging, daraus später Kapital zu schlagen, übernahm die Aufgaben des Sekretärs. Zu dem Gefolge gehörten außerdem die Ehefrauen von Bertrand und Montholon, der Arzt Barry O'Meara, der fünfzehnjährige Sohn von Las Cases, ferner die Gruppe der Bediensteten – Kammerdiener, Köche, Küchenmeister und Gehilfen, insgesamt rund 50 Personen.

Das Haus in Longwood. Kolorierte Lithographie, um 1820–30. Rueil-Malmaison, Châteaux de Malmaison et Bois-Préau

Napoleon legte Wert darauf, dass auch in diesem kleinen Kreis die Etikette streng gewahrt wurde. Zum abendlichen Diner erschienen die Damen in großer Toilette, die Herren in Uniform, die Diener servierten in Livrée. Niemand durfte in der Gegenwart Napoleons sitzen, bevor er nicht dazu aufgefordert, niemand seine Gemächer betreten, wenn er nicht gerufen worden war. «Wir hatten ihm gegenüber stets den Hut in der Hand», notierte Las Cases, «was den Engländern auffiel, welche Befehl hatten, den Hut aufzusetzen, wenn sie ihn begrüßt hatten.»[238]

Auch der Tagesablauf unterlag einem strikten Reglement. Nach dem Frühstück und einem ausgiebigen Bad in heißem Wasser – eine Gewohnheit, die er auch im Exil beibehielt – nahm Napoleon die Arbeit an seinen Erinnerungen auf, die, nur kurz unterbrochen durch nachmittägliche Spazierfahrten oder Ausritte, häufig den ganzen Tag in Anspruch nahmen.

Emmanuel Augustin, Graf von Las Cases. Zeitgenössischer Punktierstich von Benoist

Es ist wahr, wir wollen unsere Memoiren schreiben. Ja! Arbei-
ten, arbeiten, das ist die Sache! Die Arbeit ist die Sichel, mit der man
die Zeit schneidet, hatte er Anfang August 1815 gegenüber Las
Cases geäußert[239] und noch während der Überfahrt mit den
Diktaten begonnen. Doch so besessen er sich zunächst dieser
Beschäftigung hingab – auf Dauer konnte sie ihn nicht ausfüllen. Monotonie und Langeweile bestimmten zunehmend den
Alltag in Longwood House und zehrten an den Nerven aller In-
sassen.

Hinzu kamen Eifersüchteleien und Rivalitäten, die das
Klima zusehends vergifteten. Jeder suchte den anderen in der
Gunst des Meisters auszustechen. Dass dieser zunächst Las
Cases klar bevorzugte, erregte unter den übrigen Mitgliedern
der Entourage viel Unwillen. Besonders Gaspard Gourgaud,
der selbst gern die Stellung des Lieblingsjüngers eingenommen hätte, fühlte sich ständig zurückgesetzt. Auch nachdem
Las Cases im Januar 1817 die Insel hatte verlassen müssen – offenbar hatte er die Ausweisung selbst provoziert –, hielten die
Spannungen an. Vergeblich las Napoleon dem stets verdrieß-
lichen Gourgaud die Leviten: *Glauben Sie, daß ich, wenn ich*
nachts aufwache, nicht schlechte Augenblicke habe, wenn ich daran
denke, was ich war und was ich nun bin?[240] Anfang 1818, nachdem er sich fast mit Montholon duelliert hatte, verließ Gourgaud Longwood und kehrte nach Europa zurück.

Mehr noch als unter dem Unfrieden seiner Umgebung litt
Napoleon unter den Schikanen des Sir Hudson Lowe, der im
April 1816 sein Amt als britischer Gouverneur von Sankt Helena antrat. Bereits während der ersten Begegnung fasste Napoleon eine heftige Abneigung. *Dieser Mensch ist böse; sein Auge,*
als es mich traf, war das einer Hyäne. [...] Wer weiß, vielleicht ist er
mein Henker.[241] Hudson Lowe, ein pedantischer Beamter, war
von der Furcht beherrscht, sein prominenter Häftling könne
eines Tages entweichen. So verschärfte er die Sicherheitsvor-
kehrungen. Die Umfriedung von Longwood wurde Tag und
Nacht von Doppelposten bewacht; zwei Kriegsschiffe umfuh-
ren ständig die Insel. Ein britischer Ordonnanzoffizier war gehalten, sich täglich über die Anwesenheit Napoleons Gewiss-

heit zu verschaffen. Hielt dieser sich für längere Zeit im Haus auf, musste der Bewacher sich an das Anwesen heranschleichen und durch Fenster spähen – eine nicht nur für den Observierten, sondern auch für den Observierenden unwürdige Situation.

Alle Vorsichtsmaßregeln waren indes überflüssig. Napoleon dachte, entgegen anders lautenden Gerüchten, nie an eine Flucht. Er hatte sich mit seinem Schicksal abgefunden, und er wusste überdies, dass das Martyrium seiner Verbannung die notwendige Voraussetzung seiner postumen Verklärung sein würde. *Ich muß hier sterben, denn hierher wird Frankreich kommen, um mich zu suchen. Wäre Jesus Christus nicht am Kreuz gestorben, würden wir ihn nicht als Gott verehren.*[242]

In den ersten Monaten der Gefangenschaft auf Sankt Helena erfreute sich Napoleon einer leidlichen Gesundheit, obwohl er – infolge der erzwungenen Untätigkeit – immer dickleibiger wurde. «Der Kaiser ist fett, wenig behaart, und hat in seiner Körperfülle etwas, was an die Formen der Frauen erinnert, worüber er gern scherzte.»[243] Doch seit Herbst 1817 verschlechterte sich sein Zustand. Er litt an Schlafstörungen, Appetitlosigkeit, einer Schwellung der Beine; auch eine chronische Hepatitis diagnostizierte sein Arzt und führte sie auf das ungesunde Klima zurück. Hudson Lowe schenkte den alarmierenden Berichten keinen Glauben und veranlasste, dass O'Meara abgelöst wurde. Im September 1819 übernahm ein junger Chirurg korsischer Herkunft, Francesco Antommarchi, die Betreuung des schwierigen Patienten. Er verordnete Napoleon mehr Bewegung im Freien, ja, konnte ihn gar dazu überreden, einen Garten anzulegen. «Es wäre ein des Pinsels des größten Malers würdiges Gemälde», schrieb Montholon, «den Eroberer so vieler Königreiche […] darzustellen, wie er, den Spaten in der Hand, einen großen Strohhut auf dem Haupte, Pantoffeln von rotem Maroquin als Fußbekleidung, am frühesten Morgen unsre Arbeiten […] leitete.»[244]

Trotzdem verschlechterte sich der Zustand Napoleons seit September 1820 rapide. Er litt unter ständiger Übelkeit, klagte über heftige Stiche in der Brust. Die Kräfte nahmen von Tag zu

Tag ab. *Mit mir ist es zu Ende, ich fühle es wohl und mache mir keine Illusionen,* klagte er Ende Oktober seinem neuen Arzt, dessen Fähigkeiten er nicht ohne Grund misstraute.[245] Kaum verließ er noch einmal das Haus; immer länger musste er nun das Bett hüten. *Wie bin ich zuschanden geworden, ich, dessen Tätigkeit kein Ende fand, der nie schlafen wollte. Nun bin ich in einem Zustand lethargischer Starrheit. [...] Damals war ich Napoleon, heute bin ich nichts. Meine Kräfte, meine Fähigkeiten lassen mich im Stich, ich vegetiere noch, lebe aber nicht mehr.*[246] Eine tiefe Melancholie bemächtigte sich seiner. Der Tod erschien ihm als Erlösung. Die Medikamente, die ihm Antommarchi aufzudrängen versuchte, lehnte er ab. *Ich ziehe es vor, mich dem Walten der Natur anheimzugeben: ich kenne mich zu gut, ich bin überzeugt, daß jede Medizin meinen Magen in Unordnung bringt.*[247]

Am 17. März 1821 unternahm er die letzte Spazierfahrt. Danach fiel er in einen Zustand völliger Erschöpfung. Die wenigen Bissen, die er noch zu sich nahm, musste er gleich wieder erbrechen. Am 2. Mai verlor Napoleon das Bewusstsein. Lange währte der Todeskampf. In seinen Fieberphantasien stieß er unzusammenhängende Worte aus: *Frankreich, Spitze der Armee, Joséphine.*[248] Am Nachmittag des 5. Mai, elf Minuten vor sechs Uhr, starb Bonaparte. Zu dieser Stunde fegte ein heftiger Sturm über die Insel. Der Kammerdiener bedeckte die Leiche mit dem grauen Mantel, den er seit der Schlacht von Marengo getragen hatte.

Die von Antommarchi vorgenommene Autopsie ergab, dass der Magen «von einem krebsartigen Geschwür, dessen Zentrum im oberen Teile lag, eingenommen»[249] war. Das offizielle Protokoll nannte Magenkrebs als Todesursache – ein Befund, der um so näher lag, als ja auch Napoleons Vater daran gestorben war. Dagegen sind immer wieder Zweifel vorgetragen worden, und neuerdings hat die These, der Kaiser sei durch Arsen langsam vergiftet worden (wobei der Verdacht vor allem auf Montholon gelenkt wurde), einigen Zuspruch gefunden. Doch mit letzter Gewissheit wird sich wohl die Frage, welcher Krankheit Napoleon erlegen ist, nicht mehr klären lassen.[250] Sie ist auch relativ uninteressant, denn worin die Ursache sei-

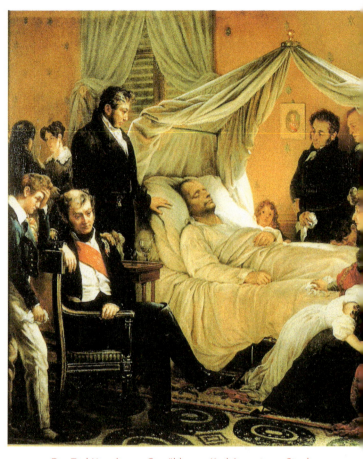

Der Tod Napoleons. Gemälde von Karl August von Steuben, um 1828. Arenenberg (Schweiz), Napoleonmuseum

nes Leidens lag, hat der Verbannte auf Sankt Helena selber bemerkenswert scharf erkannt: *Der Übergang von meinem tätigen Leben zu dieser vollkommenen Untätigkeit und Absperrung hat mich vernichtet. Was nutzt da alle geistige Stärke, […] ich habe meine Energie verloren, die Federkraft ist erlahmt.*[25]

Am 10. Mai 1821 wurde der Leichnam, der zuvor einbalsamiert und mit der berühmten grünen Jägeruniform beklei-

1821

det worden war, zu Grabe getragen. Die Bewohner der Insel waren in großen Scharen herbeigeeilt; Soldaten der Garnison gaben das letzte Geleit. Dem Leichenwagen folgten die Begleiter und Diener Napoleons. Der Sarg wurde, wenige Kilometer von Longwood House entfernt, am Rande einer steil abfallenden Schlucht in die Erde gesenkt, das Fußende nach Osten, das Kopfende nach Westen. Das englische Admiralsschiff vor Jamestown feuerte fünfundzwanzig Schüsse Salut.

Auch Hudson Lowe hatte es sich nicht nehmen lassen, dem Toten die letzte Ehre zu erweisen. Doch zuvor hatte er untersagt, auf den Grabstein die Inschrift «Kaiser Napoleon» zu setzen – ein letzter Ausdruck bürokratischer Engherzigkeit und kleinlicher Rachsucht. Mit «Napoleon Bonaparte» wollten sich aber seine Getreuen, nach dem jahrelangen erbitterten Streit mit dem Gouverneur um die Titelfrage, nicht zufrieden geben. So blieb die Grabplatte unbeschriftet.[252]

Die Legende

Welch ein Roman ist doch mein Leben, soll Napoleon kurz vor seinem Tod ausgerufen haben.[253] Der Zwangsaufenthalt auf der Felseninsel gab ihm Gelegenheit, dieses Leben immer wieder in allen Facetten zu erzählen, und seine Gefolgsleute waren begierig, jedes seiner Worte aufzuschnappen, um sie der Nachwelt zu überliefern. Nicht dass die Napoleon-Legende erst auf Sankt Helena entstanden wäre – bereits seit den ersten Triumphen des jungen Feldherrn in Italien hatte die propagandistische Überhöhung seines Wirkens begonnen –, doch am Ort der Verbannung erhielt sie ihre endgültige, vom entmachteten Herrscher selbst fixierte Form. Die letzten Jahre seines Lebens galten der Organisation des Nachruhms.

Im Wesentlichen aus drei Elementen setzte sich das Bild zusammen, das Napoleon von sich selbst entwarf und das über seine Jünger, allen voran Las Cases, seinen «Eckermann», nach seinem Tod popularisiert wurde.[254] Erstens stilisierte sich der Überwinder der Revolution von 1789 zu ihrem Testamentsvollstrecker, der die Bewegung von ihren Kinderkrankheiten gereinigt und damit erst ihren eigentlichen Zwecken zugeführt habe: *Ich habe den Abgrund der Anarchie zugeschüttet, ich habe Ordnung in ein Chaos gebracht. Ich habe die Revolution geläutert, habe die Völker veredelt, die Könige auf ihrem Thron gesichert. Ich habe die guten Bestrebungen gefördert, jedes Verdienst belohnt, die Grenzen des Ruhms erweitert. Das ist doch immerhin etwas!*[255] Zweitens machte sich der Eroberer, der zuallererst Frankreichs Großmachtinteressen im Auge gehabt hatte, nun zum Anwalt der «Völkerfreiheit». Seine Hegemonialpolitik wurde europäisch verbrämt und umgedeutet in ein zukunftsweisendes Konzept, das angeblich auf eine Konföderation gleichberechtigter Nationalstaaten gezielt habe. Und drittens wurde Napoleon nicht müde zu betonen, dass der Krieg für ihn niemals Selbstzweck gewesen sei, sondern ein Mittel, dauerhaft Frieden zu stiften. *Ich wollte redlich den allgemeinen Frieden, er sollte ehrenvoll für alle sein und die Ruhe Europas sichern.*[256] Der Verwirklichung dieses Wunsches habe sich jedoch die englische Politik in den Weg gestellt; sie habe ihm keine andere Wahl gelassen, als immer wieder zu den Waffen zu greifen.

Das alles war eine ziemlich dreiste Verdrehung der historischen Tatsachen. Die liberalen Freiheiten, die Napoleon abgeschafft, die nationalen Bestrebungen, die er bekämpft hatte – sie wurden nun als eigentliche Zielmarken seiner Politik ausgegeben. Offensichtlich spekulierten Napoleon und die eifrigen Verbreiter seiner Legenden auf die Vergesslichkeit des Publikums. Und tatsächlich setzte seit 1815 ein erstaunlicher Wandel im Urteil über den einstigen Franzosen-Kaiser ein. Seine Popularität nahm von Jahr zu Jahr zu. Daran hatten die Bourbonen selbst einen entscheidenden Anteil. Denn statt eine Politik der nationalen Versöhnung zu betreiben, übten sie kleinliche Rache. So wurde Marschall Ney, der in der Schlacht von Waterloo vergeblich den Tod gesucht hatte, hingerichtet, was in der französischen Bevölkerung heftigen Unmut auslöste. Vor allem unter den Veteranen der napoleonischen Armee, den ‹grognards›, deren Loyalität zuletzt harten Belastungsproben ausgesetzt gewesen war, grassierte eine kultartige Verehrung des ‹petit caporal›. Die Leiden der Feldzüge waren bald vergessen; es blieben die Erinnerungen an die glorreichen Schlachtensiege, die Weltgeschichte geschrieben hatten.

Aber auch in Deutschland erfreute sich Napoleon nach 1815 wachsender Beliebtheit. Darin drückte sich viel Unzufriedenheit aus über die unfreien Verhältnisse in der Ära der Restauration nach dem Wiener Kongress von 1814/15. Die beiden Vormächte im neu gegründeten Deutschen Bund, Österreich und Preußen, hatten ihr Verfassungsversprechen nicht eingelöst. Die liberalen und nationalen Bestrebungen wurden unter der Ägide des österreichischen Staatskanzlers Metternich systematisch unterdrückt. «Gott Dank! daß uns so wohl geschah, / Der Tyrann sitzt auf Helena! / Doch ließ sich nur der eine bannen, / Wir haben jetzo hundert Tyrannen», dichtete Goethe 1816.[257] Vor allem im Rheinland, das nach 1815 an Preußen fiel, trauerte man der französischen Herrschaft nach; hier fand die Napoleon-Legende auch besonders viele Anhänger.[258]

Nach dem Tod Napoleons 1821 trieb der Kult um seine Person erst recht kräftige Blüten. Selbst in England bekundete man dem einst verhassten Gegner nun Respekt: «So ist im Exil und in der Gefangenschaft das ungewöhnlichste Leben, das die politische Geschichte kennt, zu Ende gegangen», hieß es in einem Nachruf der Londoner «Times».[259] 1823 erschien in Paris das achtbändige «Mémorial de Sainte Hélène» von Las Cases; es erlebte sofort mehrere Auflagen und wurde einer der größten Bucherfolge des 19. Jahrhunderts. Ein Jahr zuvor war das Erinnerungswerk des Arztes O'Meara erschienen, 1825 folgten die Aufzeichnungen Antommarchis. Alle diese Berichte über das Martyrium auf der gottverlassenen Insel regten die Einbildungskraft der Zeitgenossen an und verstärkten die Neigung zur Heldenverehrung. Beim Dichter Heinrich Heine nahm sie Züge einer religiösen Schwärmerei an. In seinen 1827 erschienenen «Ideen. Buch Le Grand» gipfelte die Apotheose Napoleons in dem Satz: «Sankt Helena ist das heilige Grab, wohin die Völker des Orients und Okzidents wallfahrten in buntbewimpelten Schiffen und ihr Herz stärken durch große Erinnerung an die Taten des weltlichen Heilands, der gelitten unter Hudson Lowe, wie es geschrieben steht in den Evangelien Las Cases, O'Meara und Antommarchi.»[260]

War der Kult um Napoleon im ersten Jahrzehnt nach seinem Tod noch Ausdruck von Opposition gegen die Bourbonenherrschaft, so wurde er nach der Julirevolution von 1830 vom «Bürgerkönig» Louis-Philippe gleichsam adaptiert, um der neuen Regierung Legitimität zuzuführen. 1831 wurde die bronzene Statue Napoleons wieder auf die Vendôme-Säule gesetzt, von wo man sie 1815 entfernt hatte. Auf den Bühnen von Paris wurde ein Napoleon-Stück nach dem anderen aufgeführt, und mochte es noch so schlecht sein, der Beifall des Publikums war ihm gewiss. Auf zahlreichen Gebrauchsgegenständen, auf Zifferblättern, Tabakdosen, Würfelbechern, tauchte das Konterfei des Kaisers auf; Lithographien mit Szenen aus seinem Leben fanden reißenden Absatz.[261] 1837 feierte Stendhal Napo-

Der bekränzte Napoleon. Marmorbüste. Carrarische Werkstattarbeit nach Antoine Denis Chaudet. Rueil-Malmaison, Châteaux de Malmaison et Bois-Préau

leon als «den größten Menschen, den die Welt seit Cäsar sah»[262]. In Deutschland veröffentlichte Freiherr Franz von Gaudy 1835 seine «Kaiserlieder» – eine Sammlung von Gedichten, die sich der Napoleonverehrung widmeten. 1837 ließ Wilhelm August Lamey das «Liederbuch für die Veteranen der großen Napoleonarmee von 1803 bis 1814» folgen, das in den Vereinen der Veteranen, die in den dreißiger Jahren auch links des Rheins entstanden, weite Verbreitung fand.[263]

Die Napoleon-Verehrung erreichte einen vorläufigen Höhepunkt, als im Dezember 1840 der Leichnam Napoleons nach Paris überführt und in einem prunkvollen Staatsakt im Invalidendom beigesetzt wurde. Louis-Philippe erfüllte damit den letzten Wunsch des Kaisers, der in seinem Testament verfügt hatte, *daß meine Asche an den Ufern der Seine ruhe, in der Mitte des französischen Volkes, welches ich so innig geliebt habe.*[264] In seinem Vers-Epos «Deutschland. Ein Wintermärchen» von 1844 erinnerte sich Heinrich Heine, der in Paris seine Wahlheimat gefunden hatte, an jenen Tag:

> «Die Menschen schauten so geisterhaft
> In alter Erinnerung verloren –
> Der imperiale Märchentraum
> War wieder heraufbeschworen.
>
> Ich weinte an jenem Tag. Mir sind
> Die Tränen ins Auge gekommen,
> Als ich den verschollenen Liebesruf,
> Das Vive L'Empereur! vernommen.»[265]

Ohne die Napoleon-Legende wäre der politische Aufstieg von Louis Napoléon, dem Neffen des Kaisers, kaum denkbar gewesen. Der dritte, 1808 geborene Sohn von Hortense de Beauharnais und Louis Bonaparte, dem König von Holland, wurde in den dreißiger Jahren zum Kopf des Bonapartismus, einer politischen Bewegung, die sich in ihren Zielen auf das große Vorbild berief. Nach dem Tod von Napoleons Sohn, des Herzogs von Reichsstadt, im Juli 1832 avancierte Louis Napoléon zum Prätendenten auf die Nachfolge. In seiner programmatischen Schrift «Idées napoléoniennes» (1839) bediente er sich großzügig der Heldenlegende, um seinen Anspruch auf den Thron zu untermauern.[266] Zweimal – 1836 und 1840 – versuchte sich Napoleons Neffe an die Macht zu putschen; beide Versuche scheiterten kläglich. Doch nach der Februarrevolution von 1848, dem Sturz des unpopulären «Bürgerkönigs» und der Proklamation der Zweiten Republik schlug seine Stunde. Klug

| 1848 | 1851 | 1870 |

hielt er sich zunächst im Hintergrund und überließ es General Cavaignac im Juni 1848, den Aufstand der Pariser Arbeiter niederzuschlagen. In den Präsidentschaftswahlen vom Dezember 1848 profitierte er erstmals vom Bonus des großen Namens; er errang einen überwältigenden Sieg.

Drei Jahre später, im Dezember 1851, setzte Louis Napoléon, nach dem Muster des 18. Brumaire, mit einem Staatsstreich der Republik ein Ende. Der Geburtstag seines Onkels, der 15. August, wurde wieder zum Nationalfeiertag erklärt, und im November 1852 durch Plebiszit die Wiedererrichtung des Kaiserreichs beschlossen. Der Bonapartismus verband die Napoleon-Legende mit einer für die Zeit recht modernen Wirtschafts- und Sozialpolitik, die das Gespenst der sozialen Revolution bannen, zugleich aber zwischen den divergierenden Interessen von Bourgeoisie und Arbeiterschaft vermitteln wollte, was sich freilich als Quadratur des Kreises erwies. Geschichtspolitisch instrumentalisierte Napoleon III., wie er sich nun nannte, den Kult um Napoleon I., indem er 1854 anordnete, die private Korrespondenz seines Onkels zu sammeln und zu veröffentlichen. Allerdings wurden keineswegs alle Briefe aufgenommen, sondern man ließ alles beiseite, was kompromittierend wirken konnte.[267]

Als der letzte der insgesamt 32 Bände der «Correspondance de Napoléon I er» 1870 erschien, war das Second Empire bereits zusammengebrochen. In gewisser Weise war Napoleon III. nun selbst zum Opfer der Legende geworden, denn in seiner Außenpolitik hatte er versucht, die Vision zu verwirklichen, die sein großer Vorgänger auf Sankt Helena entworfen hatte: eine Neuordnung Europas nach dem Prinzip des Selbstbestimmungsrechts der Völker, wobei Frankreich wie von selbst die Rolle einer Hegemonialmacht zufallen würde. Von Prestigedenken getrieben, ließ Napoleon III. sich zu immer gewagteren außenpolitischen Manövern verleiten – bis er im preußischen Ministerpräsidenten Otto von Bismarck einen überlegenen Gegenspieler fand. Der schaffte es im Juli 1870, Frankreich in die Rolle des Aggressors zu manövrieren, obwohl die eigentliche Kriegsprovokation von ihm selbst ausging.

Längst bevor das kleindeutsch-großpreußische Kaiserreich auf dem Schlachtfeld des deutsch-französischen Krieges von 1870/71 gegründet wurde, hatte sich die Napoleon-Begeisterung unter den Deutschen abgekühlt. Der mächtig aufschäumende Nationalismus der Reichsgründungszeit fand in Bismarck und dem preußischen König (und deutschen Kaiser) Wilhelm I. die neuen Identifikationsfiguren. Hatte Napoleon I. unter den liberalen Professoren des deutschen Vormärz viele Sympathien gefunden, weil er mit seinem Code civil die Grundlage des modernen bürgerlichen Lebens gelegt hatte, so wurde er in den Geschichtswerken Heinrich von Treitschkes, des einflussreichsten Historikers des frühen deutschen Kaiserreichs, «zum bösen Prinzip schlechthin» erklärt: «Napoleons Name wird nachkommenden Geschlechtern wie Kanonendonner und gellender Pfeifenklang ins Ohr tönen.»[268]

Das Lied vom Ende. Anonyme Napoleon-Karikatur. Kolorierte Radierung, 1814

In Frankreich indes überlebte die Napoleon-Legende das Second Empire. Wohl führte die Niederlage von 1870/71 zu einer vorübergehenden Entzauberung. Während der Zeit der Pariser Kommune wurde die Vendôme-Säule gestürzt. In der Folge erschien eine Reihe bemerkenswert kritischer Darstellungen, darunter herausragend das Porträt von Hippolyte Taine im 9. Band seines Werkes «Les origines de la France contemporaine». Es schilderte Napoleon als einen amoralischen «Glücksritter», dessen «Haupttriebfeder Ehrgeiz» und «rücksichtsloser Egoismus» gewesen seien.[269]

> Wer kriecht denn da im Busch herum?
> Ich glaub, es ist Napolium.
> Spottvers auf Napoleon III., nach 1870

Nach Taine und in Auseinandersetzung mit ihm haben ganze Generationen von Historikern in Frankreich versucht, in geduldiger Arbeit an den Quellen das Napoleon-Bild zu versachlichen. Um 1900 verlangte Alphonse Aulard, Inhaber des Lehrstuhls für Geschichte der Französischen Revolution an der Sorbonne, die politischen Prämissen der Napoleon-Historiographie durch klare wissenschaftliche Kriterien zu ersetzen. Nicht mehr auf das Individuum allein, sondern auf die Strukturen, die sein Handeln bestimmten, sollte der Blick gerichtet werden – eine Forderung, die in der großen Biographie von Georges Lefebvre aus dem Jahre 1935 wohl ihre bislang gelungenste Umsetzung gefunden hat.[270]

Doch jenseits aller Fortschritte der Forschung erwies sich die Napoleon-Legende als erstaunlich zählebig. Und mit der Zeit wandelte sie sich zum Mythos, der sich von der realen historischen Figur immer weiter entfernte. Für Romanautoren bildete der große Franzose ein unerschöpfliches Reservoir – von der großen Literatur, etwa Lew Tolstojs «Krieg und Frieden», bis hin zu den Hornblower-Büchern von C. S. Forester oder Annemarie Selinkos Bestseller «Désirée». Ob als Markenzeichen für Cognac oder als Ikone auf Devotionalien – sein Name ist in Frankreich immer noch allgegenwärtig. Und über keine Gestalt sind so viele Filme gedreht worden wie über Napoleon.

Das Grabmal Napoleons im Invalidendom

Jüngstes Beispiel der trivialisierenden Aufbereitung des Mythos war ein vierteiliger, in internationaler Kooperation produzierter Fernsehfilm (mit Christian Clavier in der Hauptrolle), der im Oktober 2002 in Frankreich und im Januar 2003 in Deutschland ausgestrahlt wurde und Rekord-Einschaltquoten erzielte. Dem Drehbuch zugrunde lag der vierteilige Roman des französischen Schriftstellers Max Gallo, eine popularisierende Hagiographie [271], und der literarischen Vorlage folgend zeichnete der Film Napoleon als einen Visionär und tragischen Helden – gewissermaßen als einen «Mann zum Liebhaben»[272].

Überblickt man die fast zweihundertjährige Geschichte der Legende, so zeigt sich, wie recht der Zeitgenosse Napoleons, Chateaubriand, hatte, als er prophezeite: «Nachdem wir den Despotismus seiner Persönlichkeit hingenommen haben, müssen wir nun den Despotismus seines Andenkens auf uns nehmen.»[273]

Anmerkungen

Soweit es möglich war, wurde nach den deutschen Ausgaben der französischen Quellen und die Übersetzung gelegentlich behutsam dem heutigen Sprachgebrauch angepasst.

Abkürzungsschlüssel für häufig zitierte Werke:

Briefe = Briefe Napoleons des Ersten in drei Bänden. Auswahl aus der gesamten Korrespondenz des Kaisers. Hg. von F. M. Kircheisen, Stuttgart 1910–1912 (Bd. 1: 6. Aufl. 1912; Bd. 2: 4. Aufl. 1910; Bd. 3: 4. Aufl. 1910)

Corr. = Correspondance de Napoléon Ier. Publiée par l'ordre de l'Empereur Napoléon III., 32 Bde., Paris 1858–1870

Gespräche = Gespräche Napoleons des Ersten in drei Bänden. Zum ersten Mal gesammelt und hg. von F. M. Kircheisen, 2. Aufl., Stuttgart 1911–1913

Memoiren = Napoleon. Die Memoiren seines Lebens. In neuer Bearbeitung hg. von Friedrich Wencker-Wildenberg in Verbindung mit Friedrich M. Kircheisen, 14 (in 7) Bde., Wien–Hamburg–Zürich o. J. (1930–1931)

1 Memoiren 1, S. 141
2 Las Cases: Napoleon I., Tagebuch von St. Helena. Übertragen und bearbeitet von Oskar Marschall von Bieberstein, 2 Bde., Berlin o. J., Bd. 1, S. 145 (1. 5. 1816)
3 Zit. nach Eckart Kleßmann: Napoleon. Ein Charakterbild, Weimar 2000, S. 156
4 So Peter Schöttler im Vorwort zu Georges Lefebvre: Napoleon. Hg. von Peter Schöttler, Stuttgart 2003, S. VIII
5 Jean Tulard: Napoleon oder der Mythos des Retters. Eine Biographie, Tübingen 1978

6 Alan Schom: Napoleon Bonaparte, New York 1997, S. 785
7 Frank McLynn: Napoleon. A Biography, London 1997
8 Jacques Presser: Napoleon. Die Entschlüsselung einer Legende, Reinbek bei Hamburg 1979
9 A. S. Manfred: Napoleon Bonaparte, Berlin 1978, S. 9, 651 f.
10 August Fournier: Napoleon I. Eine Biographie in drei Teilbänden, Wien–Leipzig 1885, 4. Aufl. 1922 (Reprint: Essen 1996), S. X, XIII. Johannes Willms: Napoleon. Eine Biographie, München 2005
11 Friedrich Sieburg: Napoleon. Die Hundert Tage, Stuttgart 1956, Taschenbuchausg.: München–Zürich 1966, S. 377
12 Jean-Jacques Rousseau: Vom Gesellschaftsvertrag oder Grundsätze des Staatsrechts. Neu übersetzt und hg. von Hans Brockard, Stuttgart 1977, S. 56
13 Las Cases, Bd. 1, S. 34 (16.–21. 8. 1815)
14 Zit. nach J. Tulard, S. 57
15 Napoleon I. kurz vor seinem Tode. Nach dem Journal des Dr. F. Antommarchi. Übertragen von Oskar Marschall von Bieberstein, 2 Teile, Leipzig 1903, T. 1, S. 55; General G. de Gourgaud: Napoleons Gedanken und Erinnerungen. St. Helena 1815–18. Bearbeitet von Heinrich Conrad, Stuttgart 1901, S. 108
16 Memoiren 1, S. 25
17 Vgl. E. Kleßmann: Napoleon, S. 6 f. Zur Kindheit und Erziehung Napoleons ferner Frédéric Masson: Napoléon dans sa jeunesse 1769–1793, Paris 1922, S. 35 ff.
18 Im Schatten Napoleons. Aus den Erinnerungen der Frau von Rémusat. Übersetzt und hg. von Friedrich Freiherrn von Falkenhausen, Leipzig 1941, S. 103
19 Martin Göhring: Napoleon. Vom alten zum neuen Europa, Göttingen–Berlin–Frankfurt a. M. 1959, S. 13

20 Zit. nach A. Fournier, Bd. 1, S. 9

21 Briefe 1, S. 6

22 Ebd., S. 2 f.

23 Zit. nach Friedrich M. Kircheisen: Napoleon I. Sein Leben und seine Zeit, Bd. 1, München–Leipzig 1911, S. 78

24 Vgl. Roger Dufraisse: Napoleon. Revolutionär und Monarch, München 1994, S. 15 f.

25 Briefe 1, S. 9 f.

26 Vgl. Roger Caratini: Napoléon. Une imposture, Paris 1998, S. 113 f.; F. McLynn, S. 35

27 Briefe 1, S. 14

28 Zit. nach R. Dufraisse, S. 16

29 Frédéric Masson et Guido Biagi: Napoléon inconnu. Papiers inédits, 2 Bde., Paris 1895, Bd. 2, S. 53

30 Zit. nach A. Fournier, Bd. 1, S. 13

31 Antommarchi, T.1, S. 159. Zum Einfluss Rousseaus vgl. A. S. Manfred, S. 35 ff.

32 Abgedr. in Masson / Biagi, Bd. 1, S. 141 ff.

33 Ebd., S. 145

34 Zit. nach J. Tulard, S. 56

35 Ebd., S. 57

36 Masson / Biagi, Bd. 2, S. 90

37 Zit. nach Max Lenz: Napoleon, Bielefeld und Leipzig 1908, S. 13

38 A. Fournier, Bd. 1, S. 33

39 Abgedr. in Masson / Biagi, Bd. 2, S. 180–193

40 Zit. nach J. Tulard, S. 60

41 Zit. nach A. S. Manfred, S. 52

42 Memoiren 1, S. 130 f.

43 Ebd., S. 140

44 Masson / Biagi, Bd. 2, S. 389; vgl. Briefe 1, S. 24

45 Memoiren 1, S. 152

46 Text in vollständiger Übersetzung in: Memoiren 1, S. 174–188

47 Vgl. Memoiren 2, S. 195–226

48 Zit. nach F. M. Kircheisen, Bd. 1, S. 269; vgl. A. Schom, S. 22

49 A. Fournier, Bd. 1, S. 61

50 Ebd., S. 64 f.

51 Memoiren der Herzogin von Abrantès. Eingeleitet und hg. von Albert Ollivier, Stuttgart 1961, S. 16 f.

52 Corr. 1, Nr. 44, S. 61

53 Corr. 1, Nr. 72, S. 91

54 Vgl. Franz Herre: Joséphine. Kaiserin an Napoleons Seite, Regensburg 2003, S. 64 ff.; Andrea Stuart: Die Rose von Martinique. Die vier Leben der Joséfine Bonaparte, München 2004

55 Corr. 1, Nr. 94, S. 109 f.

56 Zit. nach A. S. Manfred, S. 129

57 An das Direktorium, 24. 4. 1796; Corr.1, Nr. 220, S. 179

58 Corr. 1, Nr. 91, S. 107; Memoiren 2, S. 337

59 Corr. 1, Nr. 234, S. 187

60 An das Direktorium, 14. 5. 1796; Corr. 1, Nr. 420, S. 278

61 Las Cases, Bd. 1, S. 43

62 An Erzherzog Karl, 31. 3. 1797; Corr. 2, Nr. 1663, S. 436 f.

63 M. Göhring, S. 143

64 Zit. nach A. Fournier, Bd. 1, S. 134 f.; vgl. A. Schom, S. 65 f.

65 A. Fournier, Bd. 1, S. 106

66 Zit. nach Hans Schmidt: Napoleon I., in: Peter C. Hartmann (Hg.): Französische Könige und Kaiser der Neuzeit, München 1994, S. 322. Zur Kriegskunst Napoleons vgl. das vorzügliche Kapitel bei J. Willms: Napoleon, S. 69–93

67 Zit. nach J. Tulard, S. 95; zur Beeinflussung der öffentlichen Meinung vgl. Annie Jourdan: Napoléon. Héros, imperator, mécène, Paris 1998, S. 70–73

68 Proklamation vom 26. 4. 1796; Corr.1, Nr. 234, S. 188

69 Zit. nach A. Fournier, Bd. 1, S. 154; vgl. A. Jourdan, S. 73

70 Vgl. F. M. Kircheisen, Bd. 3, S. 258 ff.

71 Zit. nach H. Schmidt, in: P. C. Hartmann (Hg.), S. 324

72 Zit. nach A. Schom, S. 109; vgl. F. McLynn, S. 176

73 Memoiren 4, S. 387; vgl. F. M. Kircheisen, Bd. 3, S. 362

74 Corr. 5, Nr. 3539, S. 96; vgl. A. Schom, S. 163

75 Zit. nach J. Tulard, S. 26; vgl. Memoiren 6, S. 253 ff.
76 Zum «Wunsch nach einem starken Mann» vgl. Werner Giesselmann: Die brumairianische Elite. Kontinuität und Wandel der französischen Führungsschicht zwischen Ancien Régime und Julimonarchie, Stuttgart 1977, S. 334 ff.
77 Im Schatten Napoleons. Aus den Erinnerungen der Frau von Rémusat, S. 108
78 Zu den Ereignissen des 18./19. Brumaire 1799 immer noch grundlegend die Darstellung von Albert Vandal: L'avènement de Bonaparte, 2. Bde., Paris 1912; jüngste deutsche Publikation: Wolfgang Kruse: Die Erfindung des modernen Militarismus. Krieg, Militär und bürgerliche Gesellschaft im politischen Diskurs der Französischen Revolution 1789–1799, München 2003, S. 331–359
79 Zit. nach J. Tulard, S. 30 f.
80 Ebd., S. 33
81 Vgl. die Schilderung der Szene bei M. Lenz, S. 90 f.; A. Schom, S. 218 f.
82 Zit. nach A. Fournier, Bd. 1, S. 222
83 Ebd., S. 231
84 Zit. nach G. Lefebvre, S. 116; vgl. zur neuen Verfassung auch Geoffrey Ellis: Napoleon, Harlow 1997, S. 42 ff.
85 Zit. nach J. Tulard, S. 129
86 So H. Schmidt, in: P. C. Hartmann (Hg.), S. 328; vgl. auch Willy Andreas: Das Problem der Diktatur in der Geschichte Napoleon Bonapartes, in: Heinz-Otto Sieburg (Hg.): Napoleon und Europa, Köln–Berlin 1970, S. 75–90
87 Vgl. Claude Langlois: Les élections de l'an VIII, in: Annales historiques de la Révolution française (1972), S. 42–65, 231–246, 390–415; vgl. J. Tulard, S. 134 f.
88 Vgl. Hans-Ulrich Thamer: Napoleon – der Retter der revolutionären Nation, in: Wilfried Nippel (Hg.):

Virtuosen der Macht. Herrschaft und Charisma von Perikles bis Mao, München 2000, S. 121–136 (bes. S. 128 f.)
89 Zit. nach R. Dufraisse, S. 77
90 Zit. nach J. Tulard, S. 152
91 Vgl. Louis Madelin: Fouché 1759–1820, Paris 1979, S. 159 ff.
92 An den Comte de Provence (Ludwig XVIII.), 7. 9. 1800; Corr. 6, Nr. 5090, S. 454
93 Zit. nach G. Lefebvre, S. 112
94 Ebd., S. 120
95 An den König von Großbritannien und Irland, 25. 12. 1799; Corr. 6, Nr. 4445, S. 36
96 An die Konsuln der Republik, 18. 5. 1800; Corr. 6, Nr. 4811, S. 292
97 Memoiren 6, S. 503
98 An Zar Paul I., 21. 12. 1800; Corr. 6, Nr. 5538, S. 538 f.
99 Vgl. H.-U. Thamer, in: W. Nippel (Hg.), S. 130 f.
100 Zit. nach A. Fournier, Bd. 2, S. 11
101 An den Senat, 9. 5. 1802; Corr. 7, Nr. 6079, S. 460
102 Gespräche 1, S. 154
103 So Johannes Willms: Paris. Hauptstadt Europas 1789–1914, München 1988, S. 141; zur Wiedereinführung der Hofetikette vgl. A. Jourdan, S. 114 ff.
104 Zit. nach A. Fournier, Bd. 1, S. 291
105 Barbara Dölemeyer: Nachwort, in: Napoleons Gesetzbuch. Code Napoléon. Faksimile-Nachdruck der Original-Ausgabe von 1808, Frankfurt a. M. 2001, S. 1062
106 Zit. nach ebd., S. 1064
107 Im Schatten Napoleons. Aus den Erinnerungen der Frau von Rémusat, S. 130
108 Zit. nach A. Fournier, Bd. 2, S. 45
109 Vgl. J. Presser, S. 209 f.; Zur Krönungsfeier vgl. Thierry Lentz (Hg.): Le sacre de Napoléon, 2 décembre 1804, Paris 2003; Dominik Gügel / Christina Egli (Hg.): Was für ein Theater! Krönungen und Spektakel

in napoleonischer Zeit, Frauenfeld 2004

110 Gespräche 1, S. 220

111 Thomas Nipperdey: Deutsche Geschichte 1800–1866. Bürgerwelt und starker Staat, München 1983, S. 11

112 Ulrich Hufeld (Hg.): Der Reichsdeputationshauptschluss von 1803, Köln–Weimar–Wien 2003, S. 15 (dort auch, S. 69–119, der Text des Vertrags)

113 Vgl. Hans-Peter Mathis (Hg.): Napoleon I. im Spiegel der Karikatur, Zürich 1998, S. 169 ff.

114 Zit. nach M. Lenz, S. 119

115 Zit. nach A. Fournier, Bd. 1, S. 271; vgl. Golo Mann: Friedrich von Gentz. Gegenspieler Napoleons, Vordenker Europas, Frankfurt a. M. 1995, S. 128 ff.

116 Vgl. zuletzt F. McLynn, S. 321 ff.

117 An den Marineminister, 19. 2. 1802; Corr. 7, Nr. 5968, S. 395

118 Zit. nach F. McLynn, S. 330

119 Begehrende Leidenschaft. Napoleons Briefe an Josephine. Hg. von Dominik Gügel, Frauenfeld 2003, S. 57

120 Vgl. J. Presser, S. 218 ff.

121 Napoleons Briefe an Josephine, S. 64 (5. 12. 1805)

122 Zit. nach Eckart Kleßmann (Hg.): Deutschland unter Napoleon in Augenzeugenberichten, 2. Aufl., München 1982, S. 55

123 Zit. nach ebd., S. 61

124 Zit. nach J. Tulard, S. 208

125 Zu den Einzelheiten vgl. Clemens Amelunxen: Der Clan Napoleons. Eine Familie im Schatten des Imperators, Berlin 1995, S. 111 ff.

126 Zit. nach G. Lefebvre, S. 214

127 Zum Fall Palm vgl. E. Kleßmann (Hg.): Deutschland unter Napoleon, S. 81 ff.

128 Briefe 2, S. 152

129 Zit. nach E. Kleßmann (Hg.): Deutschland unter Napoleon, S. 108

130 Corr. 14, Nr. 11379, S. 28

131 Zit. nach J. Tulard, S. 215

132 Napoleons Briefe an Josephine, S. 119 f.

133 Zit. nach A. Fournier, Bd. 2, S. 187

134 Ebd., S. 192 f.; vgl. Las Cases, Bd. 1, S. 135 (26. 4. 1816): «Konstantinopel ist ein kostbarer Schlüssel, er ist ein ganzes Reich wert – wer Konstantinopel hat, wird der Herr von der Welt sein!»

135 An Jérôme, König von Westfalen, 15. 11. 1807; Corr. 16, Nr. 13361, S. 166. Vgl. Helmut Berding: Napoleonische Herrschafts- und Gesellschaftspolitik im Königreich Westfalen 1807–1813, Göttingen 1973

136 Gourgaud, S. 141

137 M. Lenz, S. 140

138 Zit. nach E. Kleßmann (Hg.): Deutschland unter Napoleon, S. 252

139 Vgl. A. Jourdan, S. 96 f.; Louis Chardigny: L'homme Napoléon, Paris 1999, S. 9 f.

140 Vgl. zum Tagesablauf: Im Schatten Napoleons. Aus den Erinnerungen der Frau von Rémusat, S. 235 f.; J. Tulard, S. 344; E. Kleßmann, Napoleon, S. 85–87; Memoiren 10, S. 122 ff.; L. Chardigny, S. 41 ff.

141 Unter vier Augen mit Napoleon. Denkwürdigkeiten des Generals Caulaincourt. Übersetzung, Auswahl und Bearbeitung von Friedrich Matthaesius, Bielefeld–Leipzig 1937, S. 43

142 Zit. nach E. Kleßmann (Hg.): Deutschland unter Napoleon, S. 66

143 Im Schatten Napoleons. Aus den Erinnerungen der Frau von Rémusat, S. 237

144 Vgl. Talleyrand: Mémoires 1754–1815, Paris 1982, S. 336 f.; Jean Orieux: Talleyrand. Die unverstandene Sphinx, Frankfurt a. M. 1987, S. 398 ff.

145 Briefe 2, S. 108

146 Zur Pressezensur vgl. J. Presser, S. 211ff.; G. Ellis, S. 168ff.

147 Zit. nach J. Tulard, S. 307

148 Vgl. A. Jourdan, S. 109ff.

149 Zit. nach J. Willms: Paris, S. 175; vgl. Jérémi Benoit: Das offizielle Napoleon-Bild, in: H. P. Mathis (Hg.), S. 74ff.

150 Zit. nach A. Fournier, Bd. 2, S. 215

151 Zit. nach J. Tulard, S. 370; vgl. zur neuen imperialen Nobilität G. Ellis, S. 132ff.

152 Memoiren der Herzogin von Abrantès, S. 245

153 Franz Herre: Napoleon. Eine Biografie, Regensburg 2003, S. 142

154 G. Lefebvre, S. 62

155 Im Schatten Napoleons. Aus den Erinnerungen der Frau von Rémusat, S. 240; vgl. zur «Hofluft» auch Walter Markov: Napoleon und seine Zeit. Geschichte und Kultur des Grand Empire, Leipzig 1996, S. 179ff.

156 Zit. nach A. Fournier, Bd. 2, S. 219

157 Zit. nach F. Herre, Napoleon, S. 143

158 Zit. nach G. Lefebvre, S. 290

159 Ebd.

160 Ebd., S. 254

161 An Talleyrand, 15. 6. 1808; Briefe 2, S. 267

162 Vgl. A. S. Manfred, S. 506

163 Zit. nach A. Fournier, Bd. 2, S. 256

164 Zit. nach R. Dufraisse, S. 114; vgl. J. Orieux, S. 416; Talleyrand: Mémoires, S. 436ff.

165 Zit. nach Karl Otto Conrady: Goethe. Leben und Werk, Bd. 2, Frankfurt a. M. 1988, S. 334 (auch zum folgenden Zitat)

166 Zit. nach A. Fournier, Bd. 2, S. 266

167 M. Göhring, S. 108

168 Gespräche 2, S. 17

169 Briefe 3, S. 9

170 Zit. nach J. Orieux, S. 445f.

171 Zit. nach A. Fournier, Bd. 2, S. 280

172 Gespräche 2, S. 82f.

173 Corr. 19, Nr. 15935, S. 572

174 Heinrich von Kleist: Sämtliche Werke und Briefe, hg. von Helmut Sembdner. München 1961, Bd. 1, S. 27; zu den Anfängen des deutschen Nationalismus vgl. Heinrich August Winkler: Der lange Weg nach Westen, Bd. 1, München 2000, S. 54ff.

175 E. Kleßmann: Napoleon, S. 57

176 An Eugène de Beauharnais, Vizekönig von Italien, 23. 8. 1810; Corr. 21, Nr. 16824, S. 60

177 Vgl. J. Tulard, S. 426ff.

178 Corr. 16 (ohne Nummer), S. 498

179 Zit. nach A. Fournier, Bd. 3, S. 37

180 Corr. 20, Nr. 16481, S. 360

181 An Zar Alexander I., 28. 2. 1811; Corr. 21, Nr. 17395, S. 426

182 Corr. 22, Nr. 17553, S. 15

183 Unter vier Augen mit Napoleon. Denkwürdigkeiten des Generals Caulaincourt, S. 28f.

184 Vgl. F. McLynn, S. 497f.

185 Zit. nach A. Fournier, Bd. 3, S. 75f. Zu Vorgeschichte, Verlauf und Scheitern des Russlandfeldzugs vgl. die Darstellung von Adam Zamoyski: 1812. Napoleons Feldzug in Russland, München 2012

186 Eckart Kleßmann (Hg.): Napoleons Rußlandfeldzug in Augenzeugenberichten, Düsseldorf 1964, S. 93

187 Ebd., S. 136

188 Ebd., S. 188

189 Ebd., S. 194

190 Ebd., S. 212

191 Ebd., S. 243

192 Ebd., S. 264f.

193 Ebd., S. 295

194 Ebd., S. 311

195 Unter vier Augen mit Napoleon. Denkwürdigkeiten des Generals Caulaincourt, S. 79f.

196 Ebd., S. 84

197 Corr. 24, Nr. 19365, S. 325 ff. (Zitat S. 329)
198 E. Kleßmann (Hg.): Napoleons Rußlandfeldzug, S. 391
199 Corr. 24, Nr. 19511, S. 449
200 Zit. nach A. Fournier, Bd. 3, S. 185
201 Gespräche 2, S. 277 f.
202 Zit. nach A. Fournier, Bd. 3, S. 212
203 Ebd., S. 217. Auf Sankt Helena sagte Napoleon: «Ich fühlte, wie mir die Zügel entschlüpften, und konnte nichts tun.» Las Cases, Bd. 2, S. 3 (2. 9. 1816)
204 A. Fournier, Bd. 3, S. 221; vgl. den Brief des preußischen Generals Blücher an seine Frau, 15. 9. 1813: «Napoleon ist in der Tinte.» Zit. nach Gerd Fesser: Die Völkerschlacht bei Leipzig, in: ders.: Von der Napoleonzeit zum Bismarckreich, Bremen 2001, S. 47
205 Zit nach A. Fournier, Bd. 3, S. 242
206 Zit. nach Volker Sellin: Die geraubte Revolution. Der Sturz Napoleons und die Restauration in Europa, Göttingen 2001, S. 83
207 Zit. nach J. Tulard, S. 465
208 Corr. 27, Nr. 21344, S. 225; Vgl. V. Sellin, S. 95
209 Corr. 27, Nr. 21293, S. 191
210 Caulaincourt an Napoleon, 6. 3. 1814; zit. nach V. Sellin, S. 93
211 Unter vier Augen mit Napoleon. Denkwürdigkeiten des Generals Caulaincourt, S. 220
212 Vgl. die Schilderung ebd., S. 268 ff.
213 Memoiren 14, S. 398
214 Zit. nach A. Fournier, Bd. 3, S. 294
215 Gespräche 2, S. 213
216 Zit. nach F. Sieburg, S. 65; vgl. neuerdings Dominique de Villepin: Les Cent-Jours ou l'esprit de sacrifice, Paris 2001
217 Zit. nach A. Fournier, Bd. 3, S. 302
218 Zit. nach F. Sieburg, S. 89

219 Vgl. die eindrucksvolle Schilderung der Szene bei F. Sieburg, S. 145 ff.; D. de Villepin, S. 134 ff.
220 Zit. nach A. Fournier, Bd. 3, S. 309
221 Gourgaud, S. 208
222 Briefe 3, S. 258
223 Zit. nach D. de Villepin, S. 123
224 Zit. nach A. Fournier, Bd. 3, S. 315
225 Ebd., S. 328
226 An Kaiser Franz I. von Österreich, 1. 4. 1815; Corr. 28, Nr. 21753, S. 60
227 Zit. nach F. Sieburg, S. 249. Auf Sankt Helena bekannte Napoleon, «daß damals ich in mir das Vorgefühl des Erfolges nicht mehr wie sonst verspürte; mein gewohntes Vertrauen, mein Sicherheitsgefühl war mir abhanden gekommen.» Las Cases, Bd. 2, S. 120 (12. 11. 1816)
228 Gourgaud, S. 221
229 Gespräche 3, S. 115
230 Gourgaud, S. 224
231 Corr. 28, Nr. 22066, S. 301
232 Zit. nach Johannes Willms: Napoleon. Verbannung und Verklärung, München 2000, S. 14
233 Gespräche 3, S. 138 f.
234 Las Cases, Bd. 1, S. 18 (29./30. 7. 1815)
235 Ebd., S. 55 (15. 10. 1815)
236 Zit. nach J. Willms: Napoleon. Verbannung, S. 25
237 General Montholon: Geschichte der Gefangenschaft auf St. Helena. Ins Deutsche übertragen und mit historischen Anmerkungen begleitet von A. Kühn, Leipzig 1846, S. 79
238 Las Cases, Bd. 1, S. 204 (19. 7. 1816)
239 Ebd., Bd. 1, S. 20 f. (2./3. 8. 1815)
240 Gourgaud, S. 79
241 Montholon, S. 96
242 Zit. nach J. Willms: Napoleon. Verbannung, S. 93
243 Las Cases, Bd. 1, S. 118 (1./2. 4. 1816)
244 Montholon, S. 222

245 Antommarchi, T.2, S. 20 (25. 10. 1820)

246 Ebd., T.2, S. 30 (19. 11. 1820)

247 Ebd., T.2, S. 93 (21. 3. 1821)

248 Vgl. Montholon, S. 283

249 Antommarchi, T.2, S. 154

250 Vgl. die Debattenbeiträge von Jean-Claude Damamme und Thiery Lentz: Napoléon a-t-il été empoisonné?, in: Napoléon 1er. Le magazine du Consulat et de l'Empire, No.3, juillet/août 2000, S. 34–41

251 Antommarchi, T.1, S. 64 (23. 9. 1819)

252 Vgl. A. Schom, S. 786

253 Zit. nach E. Kleßmann: Napoleon, S. 5

254 Vgl. zum Folgenden J. Willms: Napoleon. Verbannung, S. 129–166

255 Las Cases, Bd. 1, S. 146 (1. 5. 1816). Vgl. das Zitat Napoleons bei Montholon, S. 267: «Ich habe die Revolution, welche im Untergehen begriffen war, gerettet; ich habe sie von ihren Verbrechen rein gewaschen.»

256 Montholon, S. 108; vgl. das Zitat bei Antommarchi, T.1, S. 84 (4. 10. 1819): «Meine Feinde haben mich gezwungen, mein Leben auf Schlachtfeldern hinzubringen, sie haben mich, der ich nur die Segnungen des Friedens im Auge hatte, zu einem Dämon des Krieges gemacht.»

257 Zit. nach Eckart Kleßmann: Das Bild Napoleons in der deutschen Literatur, Mainz 1995, S. 20

258 Vgl. Hagen Schulze: Napoleon, in: Étienne François/Hagen Schulze (Hg.): Deutsche Erinnerungsorte, Bd. 2, München 2001, S. 37

259 Zit. nach E. Kleßmann: Napoleon, S. 127 f.

260 Zit. nach E. Kleßmann: Das Bild Napoleons, S. 15

261 Vgl. J. Presser, S. 506 f.

262 Stendhal (Henry Beyle): Denkwürdigkeiten über das Leben Napoleons des Ersten. Ins Deutsche übertragen und hg. von Georg Hecht, München 1914, S. 1

263 Vgl. E. Kleßmann: Das Bild Napoleons, S. 18; H. Schulze, in: Deutsche Erinnerungsorte, Bd. 2, S. 38 f.

264 Zit. nach E. Kleßmann: Napoleon, S. 139

265 Heines Werke in fünf Bänden, Berlin–Weimar 1967, Bd. 2, S. 115 f.

266 Vgl. J. Willms: Napoleon. Verbannung, S. 189 ff.

267 Vgl. J. Presser, S. 534 f.

268 Hans Schmidt: Napoleon in der deutschen Geschichtsschreibung, in: Francia, Bd. 14 (1986), S. 536 ff. (Zitate S. 539)

269 Hippolyte Taine: Napoleon, 5. Aufl., Berlin 1912, S. 46, 58, 84

270 Vgl. das Nachwort von Daniel Schönpflug: Georges Lefebvres «Napoleon» im Kontext der neueren Forschung, in: G. Lefebvre, S. 579 ff.

271 Max Gallo: Napoleon. Roman, 2 Bde., Berlin 2002

272 So Barbara Sichtermann: Braucht Europa einen Kaiser?, in: Die Zeit Nr. 4 v. 16. 1. 2003

273 Zit. nach R. Dufraisse, S. 160

ZEITTAFEL

1769 15. August: Geburt Napoleon Buonapartes in Ajaccio auf Korsika

1779 Mai: Aufnahme als königlicher Stipendiat in die Militärschule von Brienne in der Champagne

1784 Oktober: Übergang auf die Militärschule von Paris

1785 Februar: Tod des Vaters Carlo Buonaparte
September: Nach bestandenem Examen Ernennung zum Sekondeleutnant beim Artillerieregiment La Fère in Valence

1786 September: Erster Urlaub auf Korsika

1788 Juni: Rückkehr zu seinem Regiment

1789 14. Juli: Sturm auf die Bastille. Beginn der Französischen Revolution
September: Wieder auf Korsika. Beteiligung an den politischen Kämpfen auf der Insel

1792 Nach wiederholter Überziehung seines Urlaubs aus der Armee entlassen
Mai: Napoleon erreicht in Paris die Wiederaufnahme in die Armee. Beförderung zum Hauptmann
10. August: Augenzeuge des Sturms auf die Tuilerien

1793 Juni: Die Familie Buonaparte muss Korsika fluchtartig verlassen
Oktober: Napoleon befehligt die Artillerie bei der Belagerung Toulons. Nach Einnahme der Stadt am 19. Dezember Ernennung zum Brigadegeneral

1794 9. Thermidor (27. Juli): Sturz Robespierres
August: Napoleon als Anhänger der Jakobiner verhaftet, aber nach wenigen Tagen freigelassen

1795 13. Vendémiaire (5. Oktober): Im Auftrag des Direktoriums schlägt Napoleon einen royalistischen Aufstand nieder. Nachfolger von Barras als Oberbefehlshaber der Truppen des Innern

1796 Ernennung zum Oberkommandierenden der Italien-Armee
9. März: Napoleon heiratet Joséphine de Beauharnais
April: Beginn des Italienfeldzuges. Siege über die Piemonteser und Österreicher

1797 17. Oktober: Friedensvertrag von Campo Formio

1798 Mai: Expedition nach Ägypten
1. August: Vernichtung der französischen Flotte bei Abukir

1799 August: Napoleon übergibt das Kommando an General Kléber und kehrt im Oktober nach Frankreich zurück
18./19. Brumaire (9./10. November): Staatsstreich. Beseitigung des Direktoriums
Dezember: Neue Verfassung. Napoleon wird Erster Konsul auf zehn Jahre

1800 Reorganisation der Verwaltung und Sanierung der Finanzen
14. Juni: Sieg über Österreich bei Marengo in Oberitalien
24. Dezember: Attentat auf Napoleon, das ihn nur knapp verfehlt

1801 9. Februar: Frieden von Lunéville
15. Juli: Unterzeichnung des Konkordats

1802 25. März: Friede von Amiens mit England
Mai: Gründung der Ehrenlegion
3. August: Nach Plebiszit Napoleon Konsul auf Lebenszeit

1803 25. Februar: Reichsdeputationshauptschluss. Neuordnung der deutschen Verhältnisse
13. Mai: Wiederaufnahme des Krieges gegen England

1804 21. März: Erschießung des Herzogs von Enghien in Vin-

cennes. Verkündung des Code civil
Mai: Der Senat überträgt Napoleon die Kaiserwürde
2. Dezember: Krönung Napoleons I. in Notre-Dame

1805 April: Dritte Koalition England, Russland, Österreich
August: Nach Abbruch der geplanten Landung in England Marsch der Grande Armée an den Rhein
20. Oktober: Sieg über die Österreicher bei Ulm
21. Oktober: Niederlage der französischen Flotte bei Trafalgar. Tod Admiral Nelsons
2. Dezember: Dreikaiserschlacht bei Austerlitz
26. Dezember: Frieden von Preßburg mit Österreich

1806 16. Juli: Unterzeichnung der Rheinbundakte. Napoleon Protektor
6. August: Ende des Heiligen Römischen Reiches deutscher Nation
14. Oktober: Sieg über die Preußen in der Doppelschlacht bei Jena und Auerstedt
21. November: Napoleon verkündet in Berlin die Kontinentalsperre

1807 8. Februar: Schlacht bei Preußisch-Eylau endet unentschieden. Rückzug der russischen Armee
14. Juni: Sieg über die Russen bei Friedberg
Juni/Juli: Friedensverhandlungen in Tilsit. Harte Bedingungen für Preußen
November: Portugal von französischen Truppen besetzt

1808 Februar: Einmarsch französischer Truppen in den Kirchenstaat
April/Mai: Beginn des spanischen Abenteuers
6. Juni: Joseph Bonaparte zum König von Spanien proklamiert

September/Oktober: Fürstentag zu Erfurt. Erneuerung des Bündnisses mit Russland
November/Dezember: Feldzug in Spanien. Einzug Napoleons in Madrid (4. Dezember)

1809 Januar: Rückkehr Napoleons nach Paris
April: Wiederbeginn des Kriegs mit Österreich.
21./22. Mai: Erste Niederlage Napoleons in der Schlacht bei Aspern, durch Sieg bei Wagram (4./5. Juli) wettgemacht
14. Oktober: Friedensvertrag zu Schönbrunn mit Österreich
14. Dezember: Scheidung von Joséphine

1810 2. April: Napoleon heiratet die österreichische Kaisertochter Marie Louise
Juli: Einverleibung Hollands
Oktober/Dezember: Annexion des Herzogtums Oldenburg und des norddeutschen Küstengebiets (einschließlich der Hansestädte). Größte Ausdehnung Frankreichs

1811 20. März: Geburt des Sohnes, des «Königs von Rom»

1812 24. Juni: Beginn des Russlandfeldzugs
7. September: Schlacht bei Borodino
14. September: Einzug in Moskau. Nach Brand Beginn des Rückzugs am 19. Oktober
25./27. November: Übergang der Reste der Grande Armée über die Beresina
18. Dezember: Rückkehr Napoleons nach Paris

1813 Februar/März: Beginn des «Befreiungskriegs»
27. Februar: Allianzvertrag zwischen Preußen und Russland
2. und 20. Mai: Französische Siege in den Schlachten von Lützen und Bautzen
2. Juni: Waffenstillstand
12. August: Kriegserklärung Österreichs an Frankreich

16./19. Oktober: Völkerschlacht bei Leipzig. Entscheidende Niederlage Napoleons

1814 Frühjahrskampagne in Frankreich. Siege Napoleons können den Vormarsch der Alliierten nur kurzfristig aufhalten
31. März: Nach Kapitulation von Paris Einzug der verbündeten Truppen in die französische Hauptstadt
4. April: Abdankung Napoleons
11. April: Vertrag von Fontainebleau. Napoleon erhält die Insel Elba als souveräne Herrschaft

1815 1. März: Landung Napoleons im Golf von Jouan. Marsch auf Paris

20. März: Triumphaler Wiedereinzug in die Tuilerien. Beginn der «Hundert Tage»-Herrschaft
April: Verkündung einer liberalen «Zusatzakte» zur Verfassung
18. Juni: Niederlage bei Waterloo
22. Juni: Zweite Abdankung Napoleons
15. Juli: Napoleon begibt sich in die Hände der Engländer
August/Oktober: Überfahrt nach Sankt Helena

1821 5. Mai: Tod Napoleons in Longwood House auf Sankt Helena

1840 Dezember: Überführung der sterblichen Überreste nach Paris

ZEUGNISSE

Georg Wilhelm Friedrich Hegel

Den Kaiser – diese Weltseele – sah ich durch die Stadt zum Rekognoszieren hinausreiten; – es ist in der Tat eine wunderbare Empfindung, ein solches Individuum zu sehen, das hier auf einen Punkt konzentriert, auf einem Pferde sitzend, über die Welt übergreift und sie beherrscht.
Brief aus Jena, 13. Oktober 1806

Ernst Moritz Arndt

Man darf den Fürchterlichen so leicht nicht richten, als es die meisten tun in Haß und Liebe. Die Natur, die ihn geschaffen hat, die ihn so schrecklich wirken läßt, muß eine Arbeit mit ihm vorhaben, die kein anderer so tun kann. Er trägt das Gepräge eines außerordentlichen Menschen, eines erhabenen Ungeheuers, das noch ungeheurer scheint, weil es über und unter Menschen herrscht und wirkt, welchen es nicht angehört.
«Geist der Zeit», 1806

Johann Wolfgang von Goethe

Sein Leben war das Schreiten eines Halbgottes von Schlacht zu Schlacht und von Sieg zu Sieg. Von ihm könnte man sehr wohl sagen, daß er sich in dem Zustand einer fortwährenden Erleuchtung befunden, weshalb auch sein Geschick ein so glänzendes war, wie es die Welt vor ihm nicht sah und vielleicht auch nach ihm nicht sehen wird.
Im Gespräch mit Eckermann, 1828

Johann Gustav Droysen

Er ist der Heros des Verstandes, des Verstandes in seiner grandiosesten aber herzlosesten Absolutheit. Nicht an die tiefen sittlichen Gewalten, die

des Menschen Brust bewegen, wendet er sich; er versteht es, die Menschen bei ihren Schwächen zu erfassen; er reizt ihre Eitelkeit, ihre Habgier, ihren Ehrgeiz; er läßt sie das Gift des willkürlichen Herrschens kosten, um selbst über sie Willkür zu üben; indem er sie demoralisiert, beherrscht er sie. Vor allem dem französischen Wesen drückte er dies sein eigenstes Gepräge auf. Oder sollen wir sagen, vor allen anderen Völkern ist das französische für diese Weise empfänglich?
«Vorlesungen über das Zeitalter der Freiheitskriege», 1842/43

Leopold von Ranke

[...] daß sich aus der Revolution, wenngleich auf ihren Grundlagen, aber doch selbständig die Monarchie erhob, war an und für sich ein großes und weltbeherrschendes Ereignis. Man könnte Napoleon Bonaparte mit Ludwig XIV. vergleichen, dessen Stärke darauf beruhte, daß er die Elemente der altfranzösischen Verfassung in einer kräftigen Hand vereinigte und zu einem Willen kondensierte. So wußte Bonaparte die revolutionären Elemente, inwiefern sie zu einer einheitlichen Gewalt zusammenwirkten, zu einem Willen zu kondensieren. Er beherrschte und repräsentierte sie zugleich; darin lag die vornehmste Springfeder seiner Einwirkung auf Europa.
«Denkwürdigkeiten des Staatskanzlers Fürst von Hardenberg», 1877

Jacob Burckhardt

Das Große und Einzige an ihm [...]: die Verbindung einer unerhörten magischen Willenskraft mit einer riesigen, allbeweglichen Intelligenz, beides gerichtet auf Machtbereitung und beständigen Kampf, zuletzt gegen die ganze Welt.
«Napoleon I. nach den neuesten Quellen», 1881

Friedrich Nietzsche

Welche Wohltat, welche Erlösung von einem unerträglich werdenden Druck trotz alledem das Erscheinen eines unbedingt Befehlenden für diese Herdentier-Europäer ist, dafür gab die Wirkung, welche das Erscheinen Napoleons machte, das letzte große Zeugnis: – die Geschichte der Wirkung Napoleons ist beinahe die Geschichte des höheren Glücks, zu dem es dieses ganze Jahrhundert in seinen wertvollsten Menschen und Augenblicken gebracht hat.

«Jenseits von Gut und Böse», 1886

Hippolyte Taine

Mit einem Charakter wie dem seinen ist nicht auszukommen, sein Genie ist zu groß, zu unheilvoll, und um so unheilvoller, je größer es ist. Solange er regiert, muß es Krieg geben. Ihn einzuschränken, einzuengen oder innerhalb der Grenzen des alten Frankreich zurückzudrängen, wäre vergeblich gewesen, keine Schranke hätte ihn zurückgehalten, kein Vertrag ihn gebunden. Der Friede wäre immer nur ein Waffenstillstand für ihn, den er dazu benutzen würde, sich wieder zu rüsten und von neuem zu beginnen. Im Grunde ist er unverträglich, darüber herrscht in ganz Europa eine Meinung, die unerschütterlich fest steht.

«Les origines de la France contempореine», 1891

Max Lenz

Sein Dämon trieb ihn an, mit dem Schicksal zu ringen, indem er ihm entgegenging. [...] Er sah sehr wohl die Schwächen seiner Stellung, die Unvollkommenheiten seiner Schöpfungen, die Nötigung, unaufhörlich dem Gegner furchtbar zu sein, die Feinde niederzuhalten. Vor seiner rastlos arbeitenden Phantasie enthüllten sich alle Möglichkeiten, welche in dem Schoße der Zukunft lagen. Unaufhörlich durchflutete sein Gehirn die Fülle der Kombinationen, welche die europäische Politik annehmen konnte. Niemand sah deutlicher voraus, daß der Kampf gegen England die alten Gegner auf dem Festlande anreizen würde, die Gunst der Lage auszunutzen. Was blieb ihm anderes übrig, als unaufhörlich seine Positionen zu verstärken, seine Macht zu erhöhen, daß den Gegnern zu neuen Koalitionen die Lust verginge?

«Napoleon», 1908

Emil Ludwig

Was ein Mann durch Selbstgefühl und Mut, Leidenschaft und Phantasie, Fleiß und Willen erreichen kann: er hat's bewiesen. Heut, in der Epoche der Revolutionen, die aufs neue dem Besten jede Bahn eröffnen, findet die glühende Jugend Europas als Vorbild und Warnung keinen Größeren als ihn, der unter allen Männern des Abendlandes die stärksten Erschütterungen schuf und litt.

«Napoleon», 1925

Georges Lefebvre

Daß die Revolution zur Diktatur ihre Zuflucht nahm, war kein Zufall; eine innere Notwendigkeit drängte sie dazu, und nicht zum erstenmal. Daß sie mit der Diktatur eines Generals endete, war auch kein Zufall; aber es traf sich, daß dieser General Bonaparte war, dessen Temperament, mehr noch als sein Genie, sich nicht spontan in den Frieden und die Mäßigung finden konnte.

«Napoleon», 1935

Martin Göhring

Verharren war dieser Natur fremd. Und es kam noch etwas hinzu: nie hat Napoleon vergessen, daß er ein Emporkömmling war. Und er erkannte auch voll das Problematische eines solchen: daß er vom Erfolg lebt, daß er sich ständig überbieten, jeden

Tag aufs neue seine Existenzberechtigung erweisen, daß er die Phantasie der Massen stets von neuem entzünden muß. Das zieht sich wie ein roter Faden durch seine Laufbahn.
«Napoleon. Vom alten zum neuen Europa», 1959

Jean Tulard
Angesichts der inneren und äußeren Gefahren, die seine Interessen bedrohten, hat es das französische Bürgertum immer verstanden, sich Retter zu erfinden. […] Der Retter taucht unter tragischen Umständen auf (Staatsstreich, Revolution, nationale Niederlage), und er tritt in einer apokalyptischen Atmosphäre wieder ab. Ein neuer Retter wird an seine Stelle treten, und alles beginnt wieder von vorne. […] Napoleon ist der Archetyp dieser Retter, die die Geschichte Frankreichs im 19. und 20. Jahrhundert bestimmen.
«Napoléon ou le mythe du Saveur», 1977

BIBLIOGRAPHIE

1. Bibliographien, Forschungsberichte, Wörterbücher

Fiero, Alfred / André Palluel-Guillard / Jean Tulard: Histoire et dictionnaire du Consulat et de l'Empire. Paris 1995

Furet, François / Mona Ozouf (Hg.): Kritisches Wörterbuch der Französischen Revolution. 2 Bde. Frankfurt a. M. 1996

Geyl, Pieter: Napoleon: for and against. London 1949

Kircheisen, Friedrich M.: Bibliographie des napoleonischen Zeitalters. 2 Bde. Berlin–Leipzig 1908–1912

Tulard, Jean (Hg.): Dictionnaire Napoléon. Paris 1987 (Supplément 1989)

2. Werke, Auswahleditionen

Briefe Napoleons des Ersten in drei Bänden. Auswahl aus der gesamten Korrespondenz des Kaisers. Hg. von F. M. Kircheisen. 3 Bde. Stuttgart 1910–1912

Correspondance de Napoleon I er. Publiée par l'ordre de l'Empereur Napoléon III. 32 Bde. Paris 1858–1870

Gespräche Napoleons des Ersten in drei Bänden. Zum ersten Mal gesammelt und hg. von F. M. Kircheisen. 2. Aufl., Stuttgart 1911–1913

Gespräche mit Napoleon. Hg. von Friedrich Sieburg. München 1962

Masson, Frédéric / Guido Biagi: Napoléon inconnu. Papiers inédits. 2 Bde. Paris 1895

Napoleon Bonaparte: Correspondance Générale. Bd. I: Les apprentissages 1784–1997. Hg. von Thierry Lentz. Paris 2004

Napoleon. Die Memoiren seines Lebens. In neuer Bearbeitung hg. von Friedrich Wencker-Wildenberg in Verbindung mit Friedrich M. Kircheisen. 14 (in 7) Bde. Wien–Hamburg–Zürich o. J. (1930–1931)

Napoleon I. Mein Leben und Werk. Schriften–Briefe–Proklamationen–Bulletins. Aus dem Gesamtwerk des Kaisers ausgewählt und hg. von Paul und Getrude Aretz. Wien–Leipzig 1936 (Lizenzausgabe: Köln 2003)

Napoleon I. Ich der Kaiser I & II. Hg. von Sigmund von Löhnen. Wiesbaden 2003

Napoleons Gesetzbuch. Code Napoléon. Faksimile-Nachdruck der Original-Ausgabe von 1808. Frankfurt a. M. 2001

Napoleons Leben. Von ihm selbst erzählt. Übersetzt und hg. von Heinrich Conrad. 10 Bde. und 3 Erg.bde. Stuttgart 1910–1913

Napoleons Liebesbriefe an Joséphine. Hg. von Dominik Gügel. Frauenfeld–Stuttgart–Wien 2003

3. Zeitgenossen, Familienclan

Abrantès, Herzogin von: Memoiren der Herzogin von Abrantès. Eingeleitet und hg. von Albert Ollivier. Stuttgart 1961

Amelunxen, Clemens: Der Clan Napoleons. Eine Familie im Schatten des Imperators. Berlin 1995

Antommarchi, F.: Napoleon I. kurz vor seinem Tode. Nach dem Journal des Dr. F. Antommarchi. Übertragen von Oskar Marschall von Bieberstein. 2 Teile. Leipzig 1903

Bourienne, Louis Antoine Fauvelet: Mémoires sur Napoléon, le Directoire, le Consulat, l'Empire et la Restauration. 10 Bde. Paris 1829–1830

Caulaincourt, Louis de: Unter vier Augen mit Napoleon. Denkwürdigkeiten des Generals Caulaincourt. Übersetzung, Auswahl und Bearbeitung von Friedrich Mattaesius. Bielefeld und Leipzig 1937

Chateaubriand: Mémoires d'outre-tombe. Édition nouvelle par Maurice Levaillant et Georges Moulinier. Paris 1951

Conrady, Karl Otto: Goethe. Leben und Werk. Bd. 2. Frankfurt a. M. 1988

Fierro, Alfred: Les français vus par eux-mêmes. Le Consulat et l'Empire. Anthologie des mémoralistes du Consulat et de l'Empire. Paris 1998

Gläser, Stefan: Frauen um Napoleon. Regensburg 2001

Gourgaud, General de: Napoleons Gedanken und Erinnerungen. St. Helena 1815–18. Deutsch bearbeitet von Heinrich Conrad. Stuttgart 1901

Günzel, Klaus: Maria Waleswka und Napoleon. Eine weltgeschichtliche Romanze. Ein Fragment. Zittau 2006

Herre, Franz: Joséphine. Kaiserin an Napoleons Seite. Regensburg 2003

Kleßmann, Eckart (Hg.): Deutschland unter Napoleon in Augenzeugenberichten. 2. Aufl. München 1982

Kleßmann, Eckart (Hg.): Napoleons Rußlandfeldzug in Augenzeugenberichten. Düsseldorf 1964

Kleßmann, Eckart (Hg.): Unter Napoleons Fahnen. Erinnerungen lippischer Soldaten aus den Feldzügen 1809–1814. Bielefeld 1991

Las Cases, Emmanuel Comte de: Mémorial de Sainte-Hélène ou journal où se trouve consigné, jour par jour, ce qu'a dit et fait Napoléon durant dix-huit mois. 8 Bde. Paris 1823

Las Cases. Napoleon I. Tagebuch von St. Helena. Übertragen und bearbeitet von Oskar Marschall von Bieberstein. 2 Bde. Berlin o. J.

Madelin, Louis: Fouché 1759–1820. Paris 1979

Mann, Golo: Friedrich von Gentz. Gegenspieler Napoleons, Vordenker Europas. Gründlich durchgese-

hene Neuausgabe. Frankfurt a. M. 1995

Montholon, General: Geschichte der Gefangenschaft auf St. Helena. Ins Deutsche übertragen und mit historischen Anmerkungen begleitet von A. Kühn. Leipzig 1846

Orieux, Jean: Talleyrand. Die unverstandene Spinx. Frankfurt a. M. 1987

Rémusat, Claire Élisabeth de: Im Schatten Napoleons. Aus den Erinnerungen der Frau von Rémusat. Übersetzt und hg. von Friedrich Freiherr von Falkenhausen. Leipzig 1941

Schönpflug, Daniel: Luise von Preußen. Königin der Herzen. Eine Biographie. München 2010

Siemann, Wolfram: Metternich. Staatsmann zwischen Restauration und Moderne. München 2010

Stendhal (i. e. Henri Beyle): Denkwürdigkeiten über das Leben Napoleons des Ersten. Ins Deutsche übertragen und hg. von Georg Hecht. München 1914

Stuart, Andrea: Die Rose von Martinique. Die vielen Leben der Joséfine Bonaparte. München 2004

Talleyrand: Mémoires 1754–1815. Paris 1982

4. Biographien

Bainville, Jacques: Napoléon. 2 Bde. Paris 1931, 1951

Caratini, Roger: Napoléon. Une imposture. Paris 1998

Chardigny, Louis: L'homme Napoléon. Paris 1999

Cronin, Vincent: Napoleon. Stratege und Staatsmann. Düsseldorf 2000

Dufraisse, Roger: Napoleon. Revolutionär und Monarch. Mit einem Nachwort von Eberhard Weis. München 1994

Ellis, Geoffrey: Napoleon. Harlow–London 1997

Faure, Élie: Napoléon. Paris 1921

Fournier, August: Napoleon I. Eine Biographie in drei Teilbänden. Wien 1885 (Reprint: Essen 1996)

Gallo, Max: Napoleon. Roman. 2 Bde. Berlin 2002

Göhring, Martin: Napoleon. Vom alten zum neuen Europa. Göttingen–Berlin–Frankfurt a. M. 1959

Hegemann, Werner: Napoleon oder «Kniefall vor dem Heros». Hellerau 1927

Herre, Franz: Napoleon Bonaparte. Eine Biografie. Regensburg 2003

Hunecke, Volker: Napoleon. Das Scheitern eines guten Diktators. Paderborn 2011

Johnson, Paul: Napoleon. London 2002

Kircheisen, Friedrich M.: Napoleon I. Sein Leben und seine Zeit. 9 Bde. München–Leipzig 1911–1934

Kleßmann, Eckart: Napoleon. Ein Charakterbild. Weimar 2000

Lefebvre, Georges: Napoleon. Hg. von Peter Schöttler. Mit einem Nachwort von Daniel Schönpflug. Stuttgart 2003

Lenz, Max: Napoleon. Bielefeld–Leipzig 1908

Ludwig, Emil: Napoleon. Berlin 1925

Manfred, Albert S.: Napoleon Bonaparte. Berlin 1978

Maurois, André: Napoleon. Reinbek bei Hamburg 1966

McLynn, Frank: Napoleon. A Biography. London 1997

Presser, Jacques: Napoleon. Die Entschlüsselung einer Legende. Reinbek bei Hamburg 1979

Schmidt, Hans: Napoleon I. 1799/1804–1814/15. in: Peter C. Hartmann (Hg.): Französische Könige und Kaiser der Neuzeit. Von Ludwig XII. bis Napoleon III. 1498–1870, München 1994, S. 308–366

Schom, Alan: Napoleon Bonaparte. New York 1997

Taine, Hyppolyte: Napoleon. 5. Aufl. Deutsch von L. Wolf. Eingeleitet von Hans Landsberg. Berlin 1912

Tarlé, Eugen: Napoleon. Berlin 1963

Tulard, Jean: Napoleon oder der Mythos des Retters. Eine Biographie. Tübingen 1978

Willms, Johannes: Napoleon. Eine Biographie. München 2005

5. Gesamtdarstellungen

Ellis, Geoffrey: The Napoleonic Empire. Basingstoke–London 1991

Fehrenbach, Elisabeth: Vom Ancien Régime zum Wiener Kongreß. 3. Aufl. München 1993

Haupt, Heinz-Gerhard: Sozialgeschichte Frankreichs seit 1789. Frankfurt a. M. 1989

Jacob Burckhardt: Geschichte des Revolutionszeitalters. Aus dem Nachlass herausgegeben von Wolfgang Hardtwig u. a. München–Basel 2009 (= Jacob Burckhardt: Werke, Kritische Gesamtausgabe Bd. 28)

Lenz, Thierry: Nouvelle histoire du Premier Empire. 4 Bde. Paris 2002–2010

Nipperdey, Thomas: Deutsche Geschichte 1800–1866. Bürgerwelt und starker Staat. München 1983

Reichardt, Rolf E.: Das Blut der Freiheit. Französische Revolution und demokratische Kultur. Frankfurt a. M. 1998

Schulin, Ernst: Die Französische Revolution. München 1988

Tulard, Jean: Frankreich im Zeitalter der Revolutionen 1789–1851. Stuttgart 1989

Weis, Eberhard: Der Durchbruch des Bürgertums. Europa im Zeitalter der Revolution 1776–1847. Frankfurt a. M.–Berlin–Wien 1978

Winkler, Heinrich August: Der lange Weg nach Westen. Bd. 1. München 2000

Wunder, Bernd: Europäische Geschichte im Zeitalter der Französischen Revolution 1789–1815. Berlin–Köln 2001

6. Einzelstudien, Aufsätze

Andreas, Willy: Das Zeitalter Napoleons und die Erhebung der Völker. Heidelberg 1955

Andreas, Willy: Das Problem der Diktatur in der Geschichte Napoleon Bonapartes. In: Heinz-Otto Sieburg (Hg.): Napoleon und Europa. Köln–Berlin 1930, S. 75–90

Bainville, Jacques: Le Dix-huit Brumaire et autres écrits sur Napoléon. Paris 1998

Becker, Ernst Wolfgang: Zeit der Revolution! – Revolution der Zeit? Zeiterfahrungen in Deutschland in der Ära der Revolutionen 1789–1848/49. Göttingen 1999

Berding, Helmut: Napoleonische Herrschafts- und Gesellschaftspolitik im Königreich Westfalen 1807–1813. Göttingen 1973

Blackburn, Julia: Des Kaisers letzte Insel. Sankt Helena. München 1998

Burgdorf, Wolfgang: Ein Weltbild verliert seine Welt. Der Untergang des Alten Reiches und die Generation 1806. München 2006

Carbonnier, Jean: Der Code civil. In: Pierre Nora (Hg.): Erinnerungsorte Frankreichs. München 2005, S. 159–178

Chandler, David G.: The Campaigns of Napoleon. New York 1966

Damamme, Jean-Claude/Thierry Lentz: Napoléon a-t-il été empoisonné? In: Napoleon Ier. Le magazine du Consulat et de l'Empire 3 (2000), S. 34–41

Fehrenbach, Elisabeth: Traditionale Herrschaft und revolutionäres Recht. Die Einführung des Code Napoléon in den Rheinbundstaaten. Göttingen 1974

Fesser, Gerd: Von der Napoleonzeit zum Bismarckreich. Streiflichter zur deutschen Geschichte im 19. Jahrhundert. Bremen 2001

Fesser, Gerd/Reinhard Jonscher (Hg.): Umbruch im Schatten Napoleons. Die Schlachten von Jena und Auerstedt und ihre Folgen. Jena 1998

Fleckner, Uwe: Hand in der Weste. In: Uwe Fleckner/Martin Warnke/Hendrik Ziegler (Hg.): Handbuch der politischen Ikonographie. Bd. I. München 2011, S. 451–457

Furrer, Daniel: Soldatenleben. Napoleons Russlandfeldzug 1812. Paderborn 2012

Gersmann, Gudrun/Hubertus Kohle (Hg.): Frankreich 1800. Gesellschaft, Kultur, Mentalitäten. Stuttgart 1990

Giesselmann, Werner: Die brumairianische Elite. Kontinuität und Wandel der französischen Führungsschicht zwischen Ancien Régime und Julimonarchie. Stuttgart 1977

Godechot, Jacques: Les institutions de la France sous la Révolution et l'Empire. Paris 1951

Grewenig, Meinrad Maria (Hg.): Napoleon. Feldherr, Kaiser, Mensch. Speyer 1998

Groote, Wolfgang von (Hg.): Napoleon I. und die Staatenwelt seiner Zeit. Freiburg 1969

Groote, Wolfgang von/Klaus-Jürgen Müller (Hg.): Napoleon I. und das Militärwesen seiner Zeit. Freiburg 1968

Gügel, Dominik/Christina Egli (Hg.): Was für ein Theater! Krönungen und Spektakel in napoleonischer Zeit. Frauenfeld 2004

Hufeld, Ulrich (Hg.): Der Reichsdeputationshauptschluß von 1803. Eine Dokumentation zum Untergang des Alten Reiches. Köln–Weimar–Wien 2003

Hunecke, Volker: Napoleons Rückkehr. Die letzten hundert Tage – Elba, Waterloo, St. Helena. Stuttgart 2015

Jourdan, Annie: Napoléon. Héros, imperator, mécène. Paris 1998

Kauffmann, Jean-Paul: Die dunkle Kammer von Longwood. Meine Reise nach Sankt Helena. Wien 1999

Kleßmann, Eckart: Napoleon und die Deutschen. Berlin 2007

Kleßmann, Eckart: Die Verlorenen. Die Soldaten in Napoleons Rußlandfeldzug. Berlin 2012

Kruse, Wolfgang: Die Erfindung des modernen Militarismus. Krieg, Militär und bürgerliche Gesellschaft im politischen Diskurs der Französischen Revolution 1789–1799. München 2003

Langlois, Claude: Les élections de l'an VIII. In: Annales historiques de la Révolution française (1792), S. 42–65, 231–246, 390–415

Lentz, Thierry (Hg.): Le sacre de Napoléon, 2 décembre 1804. Paris 2003

Lentz, Thierry: 1815. Der Wiener Kongress und die Neugründung Europas. München 2014

Lieven, Dominic: Russland gegen Napoleon. Die Schlacht um Europa. München 2011

Markov, Walter: Napoleon und seine Zeit. Geschichte und Kultur des Grand Empire. 2. Aufl. Leipzig 1996

Masson, Frédéric; Napoléon dans sa jeunesse 1769–1793. Paris 1922

Mathis, Hans-Peter (Hg.): Napoleon I. im Spiegel der Karikatur. Zürich 1998

Maury, René: Napoleon wurde ermordet. Das Geheimnis von Sankt Helena. Stuttgart 1996

Müchler, Günter: Napoleons hundert Tage. Eine Geschichte von Versuchung und Verrat. Darmstadt 2014

Muhlstein, Anka: Der Brand von Moskau. Napoleon in Rußland. Frankfurt a. M. 2008

Nordhof, Anton Wilhelm: Die Geschichte der Zerstörung Moskaus im Jahr 1812. Hg. von Claus Scharf unter Mitwirkung von Jürgen Kessel. München 2000

Price, Munro: Napoleon. Der Untergang. München 2015

Savoy, Bénédicte: Kunstraub. Napoleons Konfiszierungen in Deutschland und die europäischen Folgen. Wien–Köln–Weimar 2011

Schmid, Charles: Das Großherzogtum Berg 1806–1813. Eine Studie zur französischen Vorherrschaft in Deutschland unter Napoleon I. Neustadt an der Aisch 1999

Seibt, Gustav: Goethe und Napoleon. Eine historische Begegnung. München 2008

Sellin, Volker: Die geraubte Revolution. Der Sturz Napoleons und die Restauration in Europa. Göttingen 2001

Sieburg, Friedrich: Napoleon. Die hundert Tage. Stuttgart 1956 (Taschenbuchausgabe München–Zürich 1966)

Sieburg, Heinz-Otto (Hg.): Napoleon und Europa. Köln–Berlin 1971

Strathern, Paul: Napoleon in Egypt. ‹The Greatest Glory›. London 2007

Thamer, Hans-Ulrich: Napoleon – der Retter der revolutionären Nation. In: Wilfried Nippel (Hg.): Virtuosen der Macht. Herrschaft und Charisma von Perikles bis Mao. München 2000, S. 121–136

Töppel, Roman: Die Sachsen und Napoleon. Ein Stimmungsbild 1806–1813. Köln–Weimar–Wien 2008

Tulard, Jean: Napoléon et la noblesse d'Empire. Avec la liste complète des membres de la noblesse impériale (1808–1815). Paris 1979

Vandal, Albert: L'avènement de Bonaparte. 2 Bde. Paris 1912

Veltzke, Veit (Hg.): Napoleon. Trikolore und Kaiseradler über Rhein und Weser. Köln–Weimar–Wien 2007

Veltzke, Veit (Hg.): Für die Freiheit – gegen Napoleon. Ferdinand von Schill, Preußen und die deutsche Nation. Köln–Weimar–Wien 2009

Vetter-Liebenow, Gisela: Napoleon –

Genie und Despot. Ideal und Kritik in der Kunst um 1800. Hannover 2006

Villepin, Dominique de: Les Cent-Jours ou l'esprit de sacrifice. Paris 2001

Willms, Johannes: Paris. Hauptstadt Europas 1789–1914. München 1988

Willms, Johannes: St. Helena. Kleine Insel, großer Wahn. Hamburg 2007

Willms, Johannes: Talleyrand. Virtuose der Macht 1754–1838. München 2011

Willms, Johannes: Waterloo. Napoleons letzte Schlacht. München 2015

Zamoyski, Adam: 1812. Napoleons Feldzug in Russland. München 2012

Zamoyski, Adam: 1815 – Napoleons Sturz und der Wiener Kongress. München 2014

7. Wirkungsgeschichte

Beßlich, Barbara: Der deutsche Napoleon-Mythos. Literatur und Erinnerung 1800 bis 1945. Darmstadt 2006

Dufraisse, Roger: Die Deutschen und Napoleon im 20. Jahrhundert. In: Historische Zeitschrift 252 (1991), S. 587–625

Faber, Karl-Georg: Die Rheinländer und Napoleon, in: Francia 1 (1973), S. 374–394

Freund, Michael: Napoleon und die Deutschen. Despot oder Held der Freiheit? München 1969

Kleßmann, Eckart: Das Bild Napoleons in der deutschen Literatur. Stuttgart 1995

Savoy, Bénédicte (Kuratorin), unter Mitarbeit von Yann Potin: Napoleon und Europa. Traum und Trauma. München 2010

Schmidt, Hans: Napoleon in der deutschen Geschichtsschreibung. In: Francia 14 (1986), S. 530–560

Schulze, Hagen: Napoleon. In: Étienne François / Hagen Schulze: Deutsche Erinnerungsorte. Bd.II. München 2001, S. 28–46

Sieburg, Heinz-Otto: Deutschland und Frankreich in der Geschichtsschreibung des 19. Jahrhunderts. Wiesbaden 1954

Sieburg, Heinz-Otto: Napoleon in der deutschen Geschichtsschreibung des 19. und 20. Jahrhunderts. In: Geschichte in Wissenschaft und Unterricht 21 (1970), S. 470–486

Stählin, Friedrich: Napoleons Glanz und Fall im deutschen Urteil. Wandlungen des deutschen Napoleon-Bildes. Braunschweig 1952

Ullrich, Volker: Das erhabene Ungeheuer. In: DIE ZEIT-Geschichte, H.2 (2006), S. 10–24

Willms, Johannes: Napoleon. Verbannung und Verklärung. München 2000

Zeitz, Lisa und Joachim: Napoleons Medaillen. Petersberg 2003

NAMENREGISTER

*Die kursiv gesetzten Zahlen bezeichnen
die Abbildungen.*

Adam, Albrecht 111
Alexander der Große, König von
Makedonien 7, 88
Alexander I. Pawlowitsch, Zar von
Russland 60, 71 f., 80, 82, 96 f.,
107–110, 112 f., 121, 123 f., 135,
80/81
Amalia, Markgräfin von Baden 84
Antommarchi, Francesco 140 f.,
146
Arndt, Ernst Moritz 103, 165
Artois, Charles, Graf von 65
Attila, König der Hunnen 8, 130
Augereau, Pierre François Charles,
Herzog von Castiglione 36, 42
Auguste Amalia, Prinzessin von
Bayern 73
Aulard, Alphonse 151

Balcombe, Betsy 136
Balcombe, Jane 136
Balcombe, William 135
Barras, Paul François Jean Nicolas,
Graf von 33 f., 37, 40, 42, 47 f., 54 f.,
33
Beauharnais, Eugène de (Stiefsohn)
73
Beauharnais, Alexandre, Graf de
34
Beauharnais, Hortense de (Stief-
tochter) 148
Beauharnais, Joséphine de (1. Ehe-
frau) 34 f., 47, 62, 66, 71 ff., 78, 80,
84, 104, 134, 141, *63, 66/67, 75*
Beauharnais, Stéphanie de 73
Bennigsen, Levin August Gottlieb,
Graf 78 f.
Bernadotte, Jean-Baptiste, als
Karl XIV. Johann König von
Schweden 109
Bertrand, Henri Gratien, Graf 137
Bertrand, Françoise Elisabeth 137
Bismarck, Otto Fürst von 149 f.
Blücher, Gebhard Leberecht Fürst
von 122, 131 f.

Bonaparte, Carlo (Vater) 13–17, 19,
25, 141, *14*
Bonaparte, Caroline (eigtl. Maria-Annunziata; Schwester) 14, 28 f., 31,
73
Bonaparte, Elisa (Schwester) 14,
28 f., 31, 74
Bonaparte, Jérôme (Bruder) 14, 28 f.,
31, 80, 91
Bonaparte, Joseph (Bruder) 14 f., 17,
19, 23, 25, 27 ff., 31 f., 73, 91, 94 f., 97,
99, 109, 118, 121, 123 f., *98*
Bonaparte, Letizia (Mutter) 12, 14 f.,
19 f., 28 f., 31, 126, *15, 63*
Bonaparte, Louis (Bruder) 14, 28 f.,
31, 73, 91, 94, 106, 148
Bonaparte, Lucien (Bruder) 14, 28 f.,
31, 50, 52, 91
Bonaparte, Pauline (eigtl. Marie-
Paolo; Schwester) 14, 28 f., 31, 74,
126
Boswell, James 16
Bourrienne, Louis Antoine Fauvelet
de 60, 83
Burckhardt, Jacob 11, 165
Buttafoco, korsischer Graf 25

Cadoudal, Georges 64 f.
Cambacérès, Jean Jacques Régis 51,
58 f.
Campbell, Sir Neil 126
Carl Wilhelm Ferdinand, Herzog von
Braunschweig 77
Carnot, Lazare Nicolas, Graf 40, 48,
131
Cäsar, Julius 88
Caulaincourt, Armand Augustin,
Marquis de 84, 110, 116, 120, 123
Cavaignac, Jean Baptiste, Baron de
Lalande 149
Chateaubriand, François René, Graf
von 129, 153
Clary, Désirée, verh. Bernadotte 31,
34, *31*
Clary, Julie 31
Clary, François 31
Clavier, Christian 152
Cobenzl, Ludwig, Graf 38
Colombier, Caroline 19
Colombier, Frau von 19
Constant, Benjamin 130

Cotta von Cottendorf, Johann Friedrich, Freiherr 97

Daru, Pierre Antoine 88
David, Jacques-Louis 66 f., 88
Davout, Louis Nicolas, Herzog von Auerstedt, Fürst von Eckmühl 77
Decrès, Denis, Graf 93
Desaix, Louis Charles 30, 59
Diebitsch, Johann Graf 117
Droysen, Johann Gustav 165
Dschingis Khan 130
Ducos, Pierre Roger, Graf 48, 50 f.
Dupont, Pierre Antoine 95
Duroc, Gérard Christophe, Herzog von Friaul 30

Enghien, Louis Antoine Henri de Bourbon, Herzog von 65

Ferdinand VII., König von Spanien 94, 121
Feuquière, Marquis de 19
Fichte, Johann Gottlieb 103
Forester, Cecil Scott 151
Fouché, Joseph 56 f., 88, 99, 103, 111, 134, *56*
Fournier, August 11, 40
François Charles Joseph, «König von Rom» (Sohn) 104, 124, 126, 129, 148, *105*
Franz II., Kaiser 72, 76, 82, 118, 121, 123, 126
Friedrich II., der Große, König in Preußen 77
Friedrich Wilhelm III., König in Preußen 76 f., 79, 82, 100, 109, 117, 121, 124, *80/81*
Friedrich I., König von Württemberg 73, 109

Gallo, Max 152
Gaudin, Martin Michel Charles 54
Gaudy, Franz Freiherr von 147
Gentz, Friedrich von 69, 73
Georg, Prinzregent von England 134
Godoy, Manuel de, Herzog von Alcudia 94
Goethe, Johann Wolfgang von 21, 97, 145, 165

Göhring, Martin 39, 166 f.
Görres, Joseph 103
Gourgaud, Gaspard 137, 139
Goya, Francisco de 98
Grouchy, Emmanuel, Marquis de 132
Guibert, Jacques Antoine, Graf 19

Hannibal 58
Hegel, Georg Wilhelm Friedrich 165
Heine, Heinrich 146, 148
Hofer, Andreas 100 f.
Hohenlohe-Ingelfingen, Friedrich Ludwig Fürst von 77
Homer 12

Jahn, Friedrich Ludwig 103
Jesus Christus 140
Junot, Andoche, Herzog von Abrantès 30, 32, 94 f.
Junot, Laure, Herzogin von Abrantès 32

Karl der Große, König der Franken und römischer Kaiser 66, 88
Karl IV., König von Spanien 94
Karl Ludwig Friedrich, Erbprinz von Baden 73
Karl, Erzherzog von Österreich 38, 100 f.
Keith, George Elphinstone, Lord 135
Kellermann, François Étienne Christophe, Herzog von Valmy 37
Kléber, Jean Baptiste 46
Kleist, Heinrich von 103 f.
König von Rom s. u. François Charles Joseph (Sohn)
Kutusow, Michail Illarionowitsch, Fürst von Smolensk 112, 114

Labédoyère (La Bédoyère), Charles François de 128
La Férandière (frz. Militärkommandant von Ajaccio) 25
Lamey, Wilhelm August 147
Lannes, Jean, Herzog von Montebello 102
Las Cases, Emmanuel Augustin Dieudonné, Graf von 135, 137 ff., 144, 146, 138

Lavalette, Antoine-Marie Chamans, Graf 134
Lebrun, Charles François 51, 58
Leclerc, Victoire Emmanuel 30
Lefebvre, Georges 8, 11, 90, 151, 166
Lenz, Max 166
Louis Ferdinand, Prinz von Preußen 73, 77
Louis Napoléon, Napoleon III. (Neffe) 148f., 151
Louis-Philippe, Herzog von Orléans, König von Frankreich, der «Bürgerkönig» 146, 148
Lowe, Sir Hudson 135, 139f., 143, 146
Lucchesini, Girolamo, Marchese 65
Ludwig, Emil 166
Ludwig XIV., der «Sonnenkönig» 90, 165
Ludwig XVI., König von Frankreich 20, 25, 28f., 47, 57, 85, 104
Ludwig XVIII., König von Frankreich 56f., 65, 127, 129
Luise, Königin in Preußen 77, 80, 80/81

Macdonald, Étienne Jacques Joseph Alexandre, Herzog von Tarent 120
Mack von Leiberich, Karl, Baron 71
Malet, Claude François de 116
Manfred, Albert 10
Marbeuf, Louis Charles René, Graf von 15
Maret, Hugo Bernard, Herzog von Bassano 120
Marie Antoinette, Königin von Frankreich 25, 104
Marie Louise, Erzherzogin von Österreich (2. Ehefrau) 104, 126, 129, 105
Marie Luisa, Königin von Spanien 94
Marmont, Auguste Frédéric Louis, Viesse de, Herzog von Ragusa 30, 124
Martens, Christian von 114
Masséna, André, Herzog von Rivoli 36
Maximilian I. Joseph, König von Bayern 73
McLynn, Frank 8
Melas, Michel Friedrich Benoît 58f.

Mereschkowskij, Dmitri 7
Metternich, Klemens Wenzel Nepomuk Lothar, Fürst 90, 117, 119ff., 145, 118
Miot de Mélito, André François 40, 67
Mirabeau, Honoré Gabriel Riqueti, Graf von 24
Monge, Gaspard, Graf von Péluse 18, 43
Monge, Louis 17
Montgelas (Ehefrau von Maximilian) 76
Montgelas, Maximilian, Graf von 76
Montholon, Albine 137
Montholon, Charles Tristan de, Graf von Lee 137, 139ff.
Moreau, Jean Victor 60, 65
Müller, Johannes von 73
Murat, Joachim, Großherzog von Kleve und Berg (Schwager) 73f., 94, 116, 121

Napoleon III. s. u. Louis Napoleon
Neipperg, Adam Adalbert, Graf von 126
Nelson, Horatio Lord 44f., 71, 72
Ney, Michel, Herzog von Elchingen 120, 124, 129, 132, 145
Nietzsche, Friedrich 166
Nipperdey, Thomas 68

O'Meara, Barry Edward 137, 140, 146
Oudinot, Charles Nicolas, Herzog von Reggio 120

Palm, Johann Philipp 76
Paoli, Pasquale 12f., 21, 24ff., 28, 24
Paravicini, Nicolò (Onkel) 17
Pasquier, Étienne de 91
Paul I., Zar von Russland 60
Percy, Pierre-François 79
Peter, Großherzog von Oldenburg 109
Pichegru, Jean-Charles 65
Pius VII., Papst 58, 66, 93, 101, 121, 66/67
Plutarch 16

Pozzo di Borgo, Charles André 135
Pradt, Dominique de, Abbé 126
Presser, Jacques 10

Ranke, Leopold 165
Rapp, Jean, Graf 131
Raynal, Guillaume 19
Rémusat, Claire Elisabeth Jeanne,
Gräfin 47, 84, 91
Robespierre, Augustin 29 f.
Robespierre, Maximilien de 27, 29 f.,
32, 57, 27
Roederer, Paul Louis 57
Rousseau, Jean-Jacques 12, 19, 21,
26

Sandoz- Rollin (preuß. Gesandter
in Paris) 50
Savary, Jean-Marie 88
Schill, Ferdinand von 101
Schlegel, August 103
Schlegel, Friedrich 103
Schom, Alan 8
Schubert, Friedrich 113
Ségur, Philippe-Paul, Marquis 112 f.
Selinko, Annemarie 151
Sieburg, Friedrich 11
Sièyes, Emmanuel Joseph, Graf 47 f.,
50 f.
Stadion, Johann Philipp, Graf von
100
Staps, Friedrich 102 f.
Stendhal (eigtl. Henri Beyle) 64,
146 f.

Taine, Hippolyte 151, 166
Talleyrand-Périgord, Charles Maurice
de, Fürst von Benevent, Herzog von
26, 59, 72, 76 f., 85, 96, 99 f., 124, 59
Tallien, Thérésia 33 f.
Talma, François Joseph 96
Teil, Jean Pierre, Baron du 20, 30
Themistokles 134
Thibaudeau, Antoine-Clair 62
Tolstoj, Lew Nikolajewitsch 151
Treitschke, Heinrich von 150
Tulard, Jean 8, 11, 167

Vandamme, Dominique René, Graf
120
Villeneuve, Pierre Charles de 70
Vincent, Karl Freiherr von 99
Voltaire (eigtl. François-Marie
Arouet) 96
Voss, Sophie Marie, Gräfin von 83

Walewska, Maria, Gräfin 78, 79
Walewski, Alexander, Graf (Sohn)
78
Wellington, Arthur Wellesley,
Herzog von 95, 118, 121, 131 f.
Westenrieder, Lorenz von 71
Whitworth, Charles, Lord 69
Wilhelm I., König in Preußen und
deutscher Kaiser 150
Willms, Johannes 11
Wrede, Karl Philipp, Fürst 107, 121

Yorck von Wartenburg, Ludwig, Graf
117

ÜBER DEN AUTOR

Dr. Volker Ullrich, geb. 1943, studierte Geschichte, Literaturwissenschaft und Philosophie. Er lebt als Historiker und Publizist in Hamburg. Von 1990 bis 2009 betreute er das «Politische Buch» bei der Hamburger Wochenzeitung «Die Zeit». Veröffentlichte unter anderem: «Kriegsalltag. Hamburg im Ersten Weltkrieg» (Köln 1982); «Die nervöse Großmacht. Aufstieg und Untergang des deutschen Kaiserreichs 1871–1918» (Frankfurt a. M. 1997; Taschenbuchausgabe 1999); «Vom Augusterlebnis zur Novemberrevolution. Beiträge zur Sozialgeschichte Hamburgs und Norddeutschlands im Ersten Weltkrieg» (Bremen 1999); «Der ruhelose Rebell. Karl Plättner 1893–1945. Eine Biographie» (München 2000); «Fünf Schüsse auf Bismarck. Historische Reportagen 1789–1945» (München 2002); «Deutsches Kaiserreich» (Frankfurt a. M. 2006); «Das erhabene Ungeheuer. Napoleon und andere historische Reportagen» (München 2008); «Die Revolution von 1918/19» (München 2009); «Adolf Hitler. Biographie. Bd. 1: Die Jahre des Aufstiegs 1889–1939» (Frankfurt a. M. 2013). In der Reihe «rowohlts monographien» erschien 1998 sein Band «Otto von Bismarck» und 2008 «Der Kreisauer Kreis».

QUELLENNACHWEIS DER ABBILDUNGEN

akg-images, Berlin: Umschlagvorderseite, 6 (Nimatallah), 10, 13, 15 (Erich Lessing), 27, 33, 39 (VISIOARS), 48/49, 56, 59, 62, 63, 64 (Laurent Lecat), 66/67 (Erich Lessing), 72, 74, 75, 79, 80/81, 113, 115, 118, 125, 133, 138, 142/143 (Erich Lessing), Umschlagrückseite unten Sotheby's/akg-images: 24
Photo RMN, Paris: 3 (Martin André), 9 (C. Jean), 14, 18, 44/45 (alle Gérard Blot), 92 (Franck Raux), 98, 136 (Mathéus), 137, 147 (beide Martin André), 152 (Arnaudet)
ullstein bild – Roger-Viollet/Musée Marmottan: 31
Aus: Friedrich M. Kircheisen: Napoleon I. Sein Leben und seine Zeit. Bd. 1. München, Leipzig 1911: 53
Peter Palm, Berlin: 86/87
Bildarchiv Preußischer Kulturbesitz, Berlin: 105
Napoleon-Museum, Arenenberg/Schweiz: 150, Umschlagrückseite oben

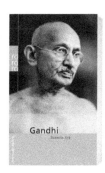

Gandhi
Susmita Arp; rororo 50662

Kemal Atatürk
Bernd Rill; rororo 50346

Nelson Mandela
Albrecht Hagemann; rororo 50580

Martin Luther King
Gerd Presler; rororo 50333

John F. Kennedy
Alan Posener; rororo 50393

rowohlts monographien
Politik und Zeitgeschichte

Che Guevara
Frank Niess; rororo 50650

Fidel Castro
Frank Niess; rororo 50679

Winston Churchill
Sebastian Haffner; rororo 50129

Adolf Hitler
Harald Steffahn; rororo 50316

Josef W. Stalin
Maximilien Rubel; rororo 50224

Willy Brandt
Carola Stern; rororo 50576

Konrad Adenauer
Gösta von Uexküll; rororo 50234

Rudi Dutschke
Jürgen Miermeister; rororo 50349

Die Weiße Rose
Harald Steffahn; rororo 50498

Der Kreisauer Kreis
Volker Ullrich; rororo 50701